별은 총총

현대수필가100인선 Ⅱ · 80

별은 총총

최미아 수필선

수필과비평사·좋은수필사

■책머리에

  수필은 누구나 부담 없이 읽고, 마음만 먹으면 직접 쓸 수도 있는 가장 친근한 문학이다. 다른 영역의 문학이 영상매체에 밀려 신음하고 있는 중에도 수필 인구만은 날로 증가하여 바야흐로 수필 전성시대를 구가하고 있는 이유도 거기에 있을 것이다.

  시대적 추세에 힘입어 수많은 수필전문지, 수필동인지가 창간되고, 이에 비례하여 신진 수필가도 날로 늘어나다 보니 이제는 그 많은 작가, 그 많은 작품 중에서 문학성 높은 작품을 가려 읽는 일이 쉽지 않게 되었다. 이런 현상은 작가에게나 독자에게나 결코 바람직한 일이 아니다. 더 나아가서는 수필을 연구하는 후세들에게도 큰 부담이 될 것이다.

  이런 문제를 해결하는 데는 출판인도 마땅히 한몫을 감당해야 한다는 평소의 소신에 따라, 본사가 기꺼이 그 역할을 맡기로 했다. 그 첫 번째 사업으로 시대를 대표할 만한 수필가 100인을 선정하고, 작가가 자선한 40편 내외의 작품을 수록한 문고본을 발간하여 이를 널리 보급함으로써 그 소임을 다하고자 한다.

  본사는 사명감을 가지고 이 사업을 추진해 나가기로 했다. 작가 선정을 전담할 편집위원회를 구성하고 전권을 위임하여 일체의 사적인 정실이나 청탁을 배제함으로써 전문성과 공정성을 확보해 나갈 것이다.

  따라서 이 기획물 속에는 작가의 문학정신뿐만 아니라, 본사의 문학사적 기여 의지와 편집위원 제위의 수필문학에 대한 애정과 문인으로서의 양심이 함께 담겨 있음을 자부한다. 다만, 작가를 선정하는 기준에는 많은 견해의 차이가 있을 수 있고, 선정 과정에서도 미처 챙기지 못한 부분이 있을 것이라는 사실만은 인정하지 않을 수 없다. 이 점에 대해서는 관계자 여러분의 양해 있으시기 바란다.

이 시리즈의 발간 순서는 작가, 또는 본사의 사정에 의한 것일 뿐 그 밖의 어떤 기준도 적용하지 않았음을 밝힌다.

본 기획물이 시대를 초월한 많은 수필 애호가들의 관심과 애정 속에 우리나라 수필문학 발전에 한 이정표가 되기를 바랄 뿐이다.

본사에서는 이상과 같은 취지로 ≪현대수필가 100인선≫ 전 100권을 완간하여 큰 반향을 불러일으킨 바 있다.

그러나 우리 수필문단의 규모나 수필문학의 수준에 비추어 선정 작가를 100인으로 한정하는 것은 형평성이나 효율성 면에서 크게 부족하다는 의견이 많았고, 본사 또한 이를 통감하던 터라 기꺼이 ≪현대수필가 100인선Ⅱ≫를 발간하기로 했다.

본사의 충정에 찬동하여 출판에 응해주신 저자 여러분에게 진심으로 감사한다.

2014년 9월 일

수필과비평사 · 좋은수필사 발행인 서 정 환
현대수필가 100인선 간행 편집위원 박 재 식 최 병 호
정 진 권 강 호 형
오 세 윤

| 차례 | 현대수필가100인선 II · 80

1_부

당신의 나무 • 12
눈오는 밤 • 16
별은 총총 • 20
뻘떡기 춤 • 24
바다 이야기 • 29
가보 • 34
잔잔한 시하바다 • 38
밤달애 • 42
범치오빠 • 47
소금밭 • 52

2_부

수주 아내의 항변 • 58
별들과 함께 한 당신 • 63
꽃을 밟고 나는 돌아가네 • 68
제목들의 향연 • 73
정미경을 그리다 • 78
보진주 • 83
취비강 건너 간 시인 • 87
누가 봐도 부천사위 이기호 • 91
이제 자유롭게 사랑하소서 • 96
가깝고 아름다운 원미동 • 100

3_부

속담으로 쓴 자서전 • 106
자음 여행 • 110
동명이인들의 하루 • 116
어슬렁 청계천 • 121
품사처럼 • 125
맹랑 설화 • 129
카페 만화경 • 134
요리책 소고 • 138
우리 동네 슈퍼 • 142
서재야 고맙다 • 147

4_부

뿌리오 할머니의 겨울나기 • 152
며늘아기 수능 보기 • 156
아버지의 편지 • 160
지금이라면 • 164
싱거 미싱 • 168
내 안에 있는 그대 • 172
열녀각 앞에서 • 176
석화의 반란 • 180
고삐 풀린 말 • 184
초코를 찾습니다. • 188

◾ 작가연보 • 192

1부

당신의 나무
눈오는 밤
별은 총총
뻘떡기 춤
바다 이야기
가보
잔잔한 시하바다
밤달애
범치오빠
소금밭

당신의 나무

후텁지근한 열대의 한낮이다. 기괴한 나무 앞에서 가이드는 이곳이 배경으로 나왔던 영화 이야기를 열심히 하고 있다. 캄보디아의 '타 프롬(Ta prohm)' 사원이다. 900여 년 전, 자야바르만 7세가 어머니를 위해서 세웠단다.

밀림 속에서 오랜 세월 보낸 거무튀튀한 돌을 본다. 돌 사이로 스펑(Spong)이라는 나무가 줄기를 뻗으면서 자라고 있다. 서낭당 앞에 서 있는 나무처럼 신령스러움이 느껴진다. 나무가 돌 사이로 파고 들어가 무너져 내린 곳도 많다. 나무를 계속 자라게 놔 둘 수도, 그렇다고 말라 죽게 할 수도 없단다. 이대로 보존하기 위해서 나무가 크지 못하게 주기적으로 주사도 놓고, 가지치기도 한단다. 순간 친정엄마가 생각났다.

엄마는 올해 아흔하나이시다. 이제는 서울에 자주 오지 못

한다. 작년 봄 큰오빠 집에서 보름 정도 계셨다. 그렇게 오래 계시기는 처음이었다. 큰오빠가 시골에서 모셔오기까지 했으니 얼마나 좋았으랴. 큰오빠가 우리 집으로 엄마 모시고 온 날이었다.

"올해 내가 구순 아니냐? 동네 사람들이 나더러 잔치하라고 난리다. 니가 내려와서 하면 안 되겠냐?"

부엌에 있는 내가 들을까 봐, 지나가는 듯 조용하게 큰오빠에게 하신 엄마 말씀이다. 엄마는 동네 사람 핑계 삼아 잔치하고 싶은 뜻을 확실히 전했다.

"못가요. 거기까지 갔다 오려면 사흘이나 걸리는데 시간이 그렇게 되나요."

귀 어두운 엄마를 배려라도 하는 듯 큰오빠 목소리는 컸다. 엄마는 기가 막혔는지 아니면 못 알아듣고 엄마 뜻대로 생각했는지 조용하셨다.

엄마는 시집 와서 삼 년만에 큰오빠를 낳았다. 유복자로 대를 이은, 손이 귀한 집이었다. 증조모, 조부모까지 계셨는데 그분들 귀애가 각별했다. 그분들은 큰오빠를 요에 눕히기조차 아까워하셨고, 발바닥에 흙이라도 묻을세라 조심하셨다. 그런 아들이 잘 자라 서울에서 대학도 나오고 결혼해서 손자도 둘이나 낳아주었다. 엄마는 평생 농투성이로 살면서도 큰아들만 생각하면 힘이 솟았으리라. 굽이굽이 엄마가 살아온 지난한 세월을 송두리째 알고 있는 아들이기도 하다.

줄장미가 피어날 무렵 엄마는 "인자 마지막 왔다 간다."하면서 내려가셨다.

그즈음 큰오빠는 기침이 잦았다. 병원 다니는 사이 목소리까지 잠겨 말하기도 힘들어졌다. 훤칠하던 풍채는 하루가 다르게 쇠진해 갔다. 큰오빠는 엄마가 구순잔치 운운하실 때 흔쾌히 답해 드리지 못한 게 걸렸는지 엄마의 생신을 꼽고 계셨다. 빨리 기운차려서 생신에 간다고 하셨다. 가족들은 더 늦기 전에 엄마와 만났으면 했지만 큰오빠가 원치 않았다. 다음에 좋아지고 나서 뵌다고 했다. 큰오빠 모습이 엄마에게 보여드리지 못할 정도가 되었을 때 가족들은 후회했지만 이미 늦었다.

큰오빠는 엄마 생신 일주일 전 떠나셨다. 어마지두에 가족들은 엄마에게 아무런 말도 할 수가 없었다. 감추려고 해서도 아니고 속이려고 해서도 아니었다. 우리 모두 처음 당한 형제의 죽음 앞에서 정신을 차릴 수 없었을 뿐이었다. 큰오빠를 아버지 옆에 모셨다. 오고가는 길, 뙤약볕 아래 배롱나무 꽃만 무심하게 피어 있었다.

엄마에게 말씀드리지 못하고 시간만 흘렀다. 시골 올케는 참척을 당하고 나서 정신 놓아버리는 노인들이 있다고 절대로 말하면 안 된다고 했다. 하지만 엄마에게 큰오빠가 어떤 아들인가. 평생 엄마의 자랑이었고 집안의 기둥이었다. 그런 아들이 세상을 떠났는데 엄마가 모르다니….

조카들 결혼식이 있었다. 엄마에게 처음에는 큰오빠가 바쁘다고, 다음에는 외국에 출장 갔다고 둘러댔다. 수긍하시는 듯했다. 성묘 갈 일이 생겼다. 엄마도 빠지지 않고 나들이 겸 가시는 성묫길이다. 찻길에서 조금 올라가야 하지만 항상 아버지 묘 앞까지 가셨다. 아버지 옆에 큰오빠가 있는데 이번에야말로 어찌해야 할지 모두 난감했다. 묘안이 없을까 궁리하는데 엄마가 스스로 차 타기도 힘들고 다리도 아프니까 가지 않겠다고 물러나셨다. 처음 있는 일이었다.

나무 아래에 섰다. 하늘 높이 뻗어 있는 나무를 올려다본다. 신령스러워 다가시기도 겁이 났는데 나무가 나에게 다정하게 말을 걸어오는 것 같다. 돌과 나무는 서로 끌어안고 한몸이 되어 있다. 성장을 멈춘 나무와 묵묵히 버티고 있는 돌이 큰오빠와 엄마의 모습인 듯 가슴이 먹먹해졌다. 이제 남은 자식들이 엄마의 나무가 되어 엄마를 안아드려야 하리라. 살며시 나무에 기대어본다. 뜨거운 열기 사이로 한줄기 바람이 지나간다.

눈 오는 밤

 저녁부터 조용히 눈이 내린다. 퇴근하는 남편이 걱정되어 베란다로 나오니 고여 있던 써늘한 냉기가 한꺼번에 달려든다. 가로등 불빛 아래 눈이 고스란히 드러난다. 내려오지 않고 훨훨 다시 오르는 것 같다. 눈 내리는 밤이면 들려오는 아련한 소리가 있다. 아버지 발자국 소리다.
 아버지는 화투를 좋아하셨다. 시골은 겨울만 되면 화투판이 자주 벌어졌다. 어디서 화투를 치면 누군가 와서 아버지에게 눈짓으로 알려주었다. 아버지는 잠시 딴청을 피우다가 뒷간에 가는 척하면서 나가셨다. 그 뒤부터 우리들은 엄마 눈치를 살피면서 쥐 죽은 듯 조용해진다. 누렁이까지 고개를 수그리고 한쪽으로 가서 엎어져 있어야 한다. 엄마 발부리에라도 걸리적거리는 날에는 매방구감이니까.

저녁밥 지을 때쯤 툭턱툭턱 솔가지 부러뜨리는 소리와 부지깽이 던지는 소리가 요란하다. 우리들 중 누군가는 작은방에 군불을 때고 돼지청에 구정물 가져다주는 일까지 한다. 솥뚜껑 사이로 쐬쐬 김이 나고 부그르르 밥이 넘친다. 엄마는 행주로 넘친 밥물을 닦아낸다. 남은 나무를 나무청에 던져 넣고 빗자루로 부엌 바닥을 휘휘 쓴다. 그리고 아버지를 부를 이유가 생겼다는 듯 막내인 나보고 모셔오라고 한다.

아버지는 동네 점방에 계신다. 점방집에는 빈 방이 있다. 어쩌다 찾아든 외지 사람이 묵어가기도 하지만 일 년 내내 묵혀있다 겨울 한철에 화투방으로 요긴하게 쓰였다. 방 앞에는 누린 털이 달린 반구두, 지푸라기들이 들어찬 검정고무신, 반장화까지 나뒹굴고 있다. 아버지의 흰고무신도 한 쪽에 있다. 나는 깊게 숨을 쉬고 "아부지, 진지 잡쑤쇼."한다. 목소리가 너무 작았는지 안에서는 아무 기척이 없다. 알아들 수 없는 떠들썩한 소리뿐이다. 다시 한번 크게 외친다. 벌컥 방문이 열린다. 방문에 부딪치기라도 한 듯 놀라 얼른 옆으로 비켜선다. 방 안에 자욱했던 담배연기가 일순 밖으로 빠져 나오고 보통 때와 다른 열뜬 아버지의 모습이 보인다. 금방 간다는 아버지의 말을 듣고 오지만 아버지는 오지 않는다. 엄마의 성화에 못 이겨 다시 집을 나서지만 점방으로 가지 않고 바닷가만 돌고 들어온다.

엄마는 포기한 듯 밥상을 차린다. 아버지 밥그릇에 밥을 담아 방으로 들고 가 시렁 위 이불 속에 넣어둔다.

　그런 날 밤이면 엄마는 늦도록 등잔불 옆에서 바느질을 하셨다. 솔기 터진 내복이며 구멍 난 양말은 왜 그리 많은지 밤이 깊어도 끝날 줄 모른다. 우리들은 조심 한다지만 그래도 장난치다 웃음이 터질 때도 있고 좁은 방이다 보니 바느질감에 앵겨 버리기도 한다. 그러면 어김없이 엄마의 끌끌끌 혀 차는 소리가 들린다. 우리는 차라리 잠이나 자자 서로 눈짓하고 시렁 위 이불을 주르륵 잡아내린다. 아차, 앙구어 둔 아버지 밥그릇에 생각이 미치지만 이미 밥그릇은 뚜껑 따로 밥 따로 방바닥에 나뒹군다. 오빠들은 작은방으로 쏜살같이 내빼고 언니와 나만 쥐어박힌다.

　언니와 나는 요 위에서 뒹굴다 잠이 든다. 비몽사몽간에 누렁이가 낑기리는 소리 사이로 사각사각 들리는 발소리, 옷에 눈 터는 소리를 듣는다. 엄마도 언제 누웠는지 방은 어두컴컴하다. 방문이 열리고 눈빛이 잠시 방안으로 쏟아졌다 사라지고 찐득한 담배냄새가 떠돈다. 돌아누운 엄마는 온몸으로 한숨소리를 내놓지만 나는 봉지 부스럭거리는 소리만 들으려다, 다시 잠 속으로 빠져든다.

　아침에 눈 뜨자마자 머리맡에 있는 봉지를 뒤진다. 돈부콩처럼 생긴 돈부과자와 오다마가 나온다. 며칠 궁금하지 않을 먹거리다. 물론 엄마는 손도 대지 않고 쳐다보지도 않지만 엄마 몰래 눈치껏 먹는다. 팥죽색 돈부과자 하나를 입에 넣고 살짝 누르면 달큼함이 감돌다 사르르 부서진다. 오마는 입에 물고 아까워서 깨물지도 못하고 끝까지 빨아먹는다. 과자가 떨어질 때쯤이면 다시 아버지가 화투방에 가지 않으시나 기다려졌다.

화투방으로 쫓아가지고 못하고 긴 밤 내내 바느질로 속을 삭이셨을 엄마. 이제야 엄마 마음이 헤아려진다.

초인종 소리가 들린다. 남편이 왔나보다. 남편 손에 혹 무엇이 들려 있으려나.

별은 총총

 여름밤이다. 저녁 먹은 후, 집 앞 선창가에 펴놓은 멍석으로 나간다. 초저녁달이 앞섬 산자락 위에 수줍은 듯 나와 있다. 그 옆으로 개밥바라기가 반짝이고 있다. 바다는 밤 맞을 준비를 하는지 잘랑거린다. 모깃불 연기는 바다에서 한번씩 불어오는 바람 타고 느릿느릿 올라가고 있다. 설거지 마친 엄마가 메꾸리를 들고 나오신다. 낮에 온몸에서 풍기던 땀내는 어디로 가고 향긋한 오이냄새가 난다.

 메꾸리에는 밭에서 따 담은 녹두와 콩, 고추가 들어있다. 콩깍지는 모깃불로 던지고 알맹이는 다른 그릇에 담는다. 내일 아침밥에 넣을 것이다. 우리 집 밥에는 항상 콩이 들어있다. 엄지손가락만큼 큰 것부터 밥알보다 작은 것까지 다양하다. 알록달록 강낭콩, 속 푸른 검정콩도 있다. 엄마는 맨밥은 심심하단다. 나는 콩밥이 싫다. 하얀 밥이 좋다. 밥 먹을 때 그냥 먹어두라는 엄마 말을 못 들은 척 콩을 아부지 밥그릇에 옮겨 놓는다. 아부지는 내가 밥그릇 한쪽으로 몰아 놓은 콩을 엄마 몰래 얼른 가져가기도 하신다. 엄마는 딸내미 버릇 잘 들인다고 싫은 소리를 하지만 아부지는 못 들은 척하신다.

옆집에 사는 복심넘이 양재기를 들고 나오신다.
"저녁 자셨소? 북감재 쪘는디 하나 잡숴 볼라우."
"으서 나겠소?"
"뱃삯 받으러 간께 누가 쪼끔 줍디다."

복심넘네는 배 한 척이 있다. 고기 잡는 배가 아니고 학생 실어 나르는 배다. 우리 섬에는 초등학교만 있고 중학교는 없다. 중학교를 가려면 앞섬으로 가든지 육지로 나가야 한다. 학생을 태워 주는 대신 보릿가실이 끝나면 보리 한 말, 가실이 끝나면 나락 한 말을 뱃삯으로 받는다. 키가 작고 몸이 비쩍 마른 아저씨에 비해서 복심네 아짐은 몸집도 크고 넉살도 좋다. 마을 돌면서 보리나 나락 거두는 일은 아짐 몫이다. 논밭 없는 아짐에게 사람들이 농작물을 싸 주기도 하는 모양이다.

엄마가 내게 꽈리 하나를 던져주신다. 껍질을 벗기자 주황빛 꽈리가 나온다. 꽈리 입을 바늘로 쑤셔야 하는데 바늘이 없다. 엄마가 다시 가져가 무엇으로 했는지 구멍을 내 주신다. 손가락으로 빙빙 돌리니 작은 씨앗이 걸쭉한 물과 함께 빠진다. 다 빠지자 주글주글한 껍질만 남는다. 입 속에 넣으니 약간

쌉싸름한 물이 입안에 퍼진다. 몇 번 침을 뱉어낸다. 혓바닥 위에 올려놓고 윗니로 살짝 눌러본다. 끄르륵 맥 빠지는 소리다. 다시 살살 움직여 본다. 까륵까륵 제법 맑은 소리가 난다.

북감재 먹던 복심네 아짐이 생각났다는 듯 한마디 하신다.

"오늘은 으째 모기가 없소이. 징한 깔따구는 다 으디로 가부렀으까."

"깔따구야 없어질 때도 됐제만 바람이 있응께 그란지 으째 모기가 없긴 하요."

엄마는 다듬을 걸 다 다듬었는지 메꾸리를 한쪽으로 밀어놓고 북감재를 집어 드신다. 깔따구는 모내기 할 때쯤 극성이다. 깨알보다 작은 깔따구는 해가 뜰 무렵이나 날이 검기울어 갈 즈음 사정없이 달라붙는다. 날이라도 꾸무룩하면 새까마니 떼거리로 몰려다니면서 옷 속까지 파고든다. 모깃불을 피워도 소용없다. 그런데 월남 갔다 온 옆집 오빠가 기가 막힌 약을 주었다. 조그만 깡통에 든 석유냄새가 나는 물약이었다. 손바닥에 서너 방울 떨어뜨려서 몸에 쓱쓱 문지르면 깔따구가 얼씬도 하지 않았다. 엄마는 그 약을 신주단지 모시듯 머리에 바르는 동백기름 놓는 곳에 같이 두셨다.

"깔따구는 홧기 잡을 때가 제일 많채."

부채만 부치고 앉아 계시던 아부지 말씀에 복심네 아짐이 반색을 하신다.

"아따 홧기 잡으로 가서 도깨비 만난 야기나 해 보쑈."

슬그머니 엄마 옆으로 가서 무릎에 눕는다. 입 속에 있던 꽈리도 꺼내 손에 쥔다. 아부지는 도깨비 이야기를 많이 안다. 똑같은 이야기도 할 때마다 재미있게 달리 하신다. 들을 때마다 듣고 싶으면서도 무섭다.

비가 부슬부슬 내리는 날 밤에 횃불 만들어서 뻘밭으로 기를 잡으러 간다. 그런 날은 등딱지가 단단한 수퉁기가 구멍에서 나와 기어다닌다. 그냥 손으로 주워 담기만 하면 된다. 한참 기만 쫓아서 돌아다니고 있으면 "어! 많이 잡았는가?"하고 지나가는 사람들이 있다. 같이 인사하고 서로 누가 많은지 통도 들여다본다. 다시 정신없이 다니다 어느 순간 등골이 오싹하고 머리끝이 쭈뼛 선다. 조금 전에 만났던 사람들이 전쟁통에 다 죽었던 사람들이다.

엄마한테 파고든다. 바다로 눈을 주어도 하늘에 눈을 주어도 온통 까맣다. 나를 꼭 그러안으면서 엄마는 "아이고, 애기 무섭게 뭔 그런 야기는 해싸요."하신다.

얼마나 지났을까. 잠이 들었나보다.

"아는 잠들어 부렀네. 좀 안아사 쓰겄소."

잠결에 들려오는 엄마의 따듯한 목소리다. 아부지가 나를 안으신다. 자는 척 가만히 있다. 아부지 어깨 너머 하늘에는 별들이 쏟아질 듯 총총하다.

뻘떡기 춤

혼불 본 사람들이 있었다. 둥글면 남자, 꼬리가 달려 있으면 여자 혼불이라 했다. 혼불은 꼭 누군가에게 보여주고 떠난단다. 혼불이 나가고 나면 부엉이가 울었다. 부엉이가 우는 밤이 무서웠다. 엄마는 품속으로 파고드는 나를 안으면서 "누굴 델꼬 갈라고 왔으끄나." 하셨다. 동네 초상이 나면 거짓말처럼 부엉이도 울지 않았다. 그때야 '이번에는 우리 엄마가 아니구나.' 안도감으로 가슴을 쓸어내렸다.

엄마는 나를 마흔둘에 낳으셨다. "막둥이 시집이나 보내고 죽어야 할 텐디." 걱정이 태산이셨다. 부엉이가 찾아와도 불안했고 엄마가 머리 아프다고 하얀 가루약을 입안에 털어 넣어도 가슴이 졸아들었다. 엄마는 소원대로 막내딸 시집보낼 때까지 건강하셨다. 그 뒤로는 "아들 하나 낳는 거 보고 죽어야 할 텐디."로 바뀌었다. 첫아들을 낳자 막내딸이었던 당신도 둘째아들 낳고 친정엄마가 돌아가셨다고 그 정도는 살아야 한다고 하셨다. 둘째아들 낳고 정말 엄마가 돌아가시지나 않을까 걱정되었다.

엄마가 우리 집에 오셨다. 이제 오실 날이 몇 번이나 있겠나 싶었다. 구경도 시켜드리고 맛있는 음식도 사드려야지 생각했다. 하지만 엄마와 만나면 사소한 일로 말다툼을 자주 한다. 그런데 언제부터인지 엄마와 다툴 만한 이야기는 피해버렸다. 싸우지는 않지만 대화거리도 없어졌다. 엄마는 그런 내 마음을 아는지 언제라도 가방 들고 일어나 가실 것처럼 아침마다 이부자리를 단정하게 개켜 방 한쪽에 밀어 놓았다. 화장실에는 솔이 뻣뻣한 엄마 칫솔이 칫솔통 속으로 들어가지 못하고 옆에 놓여 있다. 새 칫솔을 드렸지만 가방 속으로 들어갔는지 보이지 않는다.

백만 송이 장미가 피었다는 장미공원에 갔다. 찬란한 햇살 아래 색색의 장미꽃이 만발했다. 꽃송이만큼이나 사람도 많았다. 주차장에서 입구까지 얼마 되지 않은 거리를 엄마는 힘에 부쳐 가다 쉬고 가다 쉬고 하셨다. 엄마는 노인들이 앉아 있는 의자에 계신다고 했다. 나만 휑허케 한 바퀴 돌고 내려왔다. 엄마는 노인들과 이야기를 나누고 계셨다. 꽃도 못보고 괜히 왔다고 했더니 멀리서라도 봤으니 본 것이나 마찬가지고 꽃구경보다 사람 구경이 볼만하다고 좋아하셨다.

남편과 함께 세계 건축물을 미니어처로 만들어 놓은 곳에 갔던 날이다. 남편이 휠체어를 밀고 와서 타시라고 했다. 조금 주저하는 듯하더니 평생 처음 타보는 그것에 앉으셨다. 남편은 친절하게 설명을 해주기도 하고 사진도 찍어드렸다. 당연히 장모에게 잘 하는 남편에게 고마워해야 했다. 그런데 왜 그랬을까. 예전에 시아버지와 그렇게 다닐 때는 아무렇지도 않았는데, 사진을 찍는다고 엄마 뒤에 서 보라는 남편도 싫고, 익숙한 자세로 앉아 있는 엄마를 보기도 민망스러웠다. 뭐랄까. 우리 엄마가 저렇게 늙어버렸나 하는 안타까운 마음이랄까. 휠체어에 앉아서라도 구경하고 싶으신 걸까, 묘한 마음이 엇갈렸다.
  최인호 작가 글이 생각났다. 휠체어에 엄마를 모시고 민속촌을 갔는데 중국인 관광객이 사진 찍고 자꾸 바라보고 하더란다. 창피해서 모자를 꾹 눌러썼는데 생각해보니까 그 사람은 이렇게라도 나들이 시켜줄 부모님이 안 계시구나 싶었단다. 구경시켜 드릴 부모님이 아직 계시다는 것은 얼마나 감사한 일인가 했단다. 글 읽으면서는 동감했다. 남이 그렇게 다니면 효성이 지극한 자식이구나 싶을 텐데 막상 내가 해 보니까 그게 아니었다. 앉아 계신 엄마를 일으켜 세워 두 발로 걷게 하고 싶었다. 여름 땡볕에 김매던 힘은 어디로 가고, 휘휘 활개치고 다니던 기력은 어디다 빼놓고, 휠체어에 앉아 계시냐고, 힘내서 예전처럼 걸어보시라고 소리 지르고 싶었다.

5년 전쯤 엄마가 정말 기력이 쇠하셨던 적이 있었다. 정신까지 혼미해져 오래 못 사시겠다고 생신을 크게 차려드렸다. 이제 마지막인가 싶어 숙연한 마음으로 손자 손녀까지 모두 모였다. 엄마는 손자들을 보면서 "저것들 장가갈 때까지 살랑가 모르것다." 한숨 섞인 말씀을 하셨다. 그 뒤로 엄마 생신이면 가족들이 한자리에 모인다.

　올해 엄마 연치 여든일곱이다. 엄마 생신이어서 가족이 모였다. 밤에 신혼인 조카사위를 달았다. 조카사위는 다양한 노래와 춤 솜씨로 분위기를 띄웠다. 엄마가 가만히 계실 리가 없다. 다리가 불편하지만 일어나서 엄마 고유의 춤인 '뻘떡기 춤'을 추셨다. 고향집 앞 바다에서 낚시를 하면 꽃게 새끼들이 잡혔다. 그것을 우리는 뻘떡기라고 했다. 엄마는 흥겨운 일이 있으면 뻘떡기가 활개를 치듯이 춤을 추셨다. 한참 춤을 추신 엄마는 "암도 소용없어. 같이 사는 아들 메느리가 젤이제. 우리 아들 메느리 칭찬 많이 해라." 하셨다. 오늘은 가족이 모여서 노는 것이고 진짜 생일은 큰아들 집에 가서 하고 싶단다. 하지만 바쁘다는 핑계로, 모여서 생신 해드렸다는 위안으로, 아무도 엄마에게 함께 가자고 하지 않았다. 새무룩하게 앉아 있는 엄마를 모두 외면했다. 동네 노인들에게 서울 가서 생신 쇠고 온다고 큰소리쳤을 텐데 결국 아들 며느리 따라 당신 집으로 가셨다.

　생신 아침 전화를 드렸다. 가까이 사는 올케가 떡과 음식을 장만해 와서 노인정에서 점심 때 한턱낸다고 좋아하셨다.

"느그들이 준 돈으로 저녁까지 맛난 거 사 묵고 놀란다."

"돈 다 쓸라고 그라요?"

'그러세요.' 하면 될 걸 나도 모르게 목소리를 높였다. 하여간 우리 엄마 배짱은 일본 놈 장통만하다. 전화기 바꿔 든 올케는 한술 더 뜬다.

"엄마 돈 잘 쓰는 거 하루 이틀도 아닌디 왜 그라요? 냅 둬요. 돈 있다고 아무나 그렇게 쓰간디. 우리 엄마나 한께 그렇게 쓰제."

그 시어머니에 그 며느리다.

우리 엄마는 그날도 뻘떡기 춤을 덩실덩실 추셨으리라.

바다 이야기

우리 집 앞에는 쬐끔한 바다가 있습니다. 헤엄 잘 치는 사람이 건널 수 있을 정도의 바다가 호수처럼요. 손 담그면 엄마 가슴처럼 늘 따뜻할 것 같은 바닷물이죠. 바다는 거의 모든 시간 잠잠하게 쉬고 있다 하루 네 번 뭍을 오가는 여객선에게 길을 열어주죠. 배는 시간을 알려주기도 합니다. 첫 배가 지나가면 새참 때고, 낮 배는 학교 파한 언니가 올 시간이고, 마지막 배가 지나고 조금 있으면 들에 나갔던 엄마가 들어오시죠.

섬사람이 뭍으로 갈 수 있는 길은 우리 집 앞 선창 한 곳뿐입니다. "노도 도둑 가봐야 노도에 있제 어디 간다냐."하시는 엄마 말씀은 뱃머리만 지키고 있으면 된다는 뜻입니다. 그만큼 도둑이 없다는 뜻도 되지요. 아홉 집이 사는 우리 마을은 배가 닿을 때만 잠시 북적대다 조용해지지요.

큰배가 오면 종선從船이 나갑니다. 바닷물을 손으로 만질 정도로 작은 종선을 타면 간이 콩알만 해지죠. 큰배 파랑에 작은 배는 이리저리 비틀거리기도 하고 타고 있던 사람들이 물벼락을 맞기도 하지요. 하지만 어떤 흔들림에도 한쪽으로 사람들이 쏠리지만 않으면 배는 뒤집어지지 않는답니다. 사람들은 그걸 다 아는 모양입니다. 물이 넘쳐 와도 그저 '허허'하면서 탈탈 털고 말거든요. 저는 바라만 보아도 늘 조마조마합니다. 뭍에서 들어온 사람들은 때깔 좋은 옷을 입고 손에 손에 보따리를 들고 있어요. 사람들이 지나간 자리에는 갯냄새가 아닌 뭍 냄새가 잠시 떠돌지요.

봄이 되면 앞산은 진달래로 뒤덮이고 산자락 밭은 노란색 크레용을 칠해놓은 듯 유채꽃이 만발하지요. 유채꽃이 전부 바다에 빠진 듯 물그림자를 만들어 놓은 고요한 바다에, 돛단배가 지나가기도 합니다. 어른들이 풍선이라고 하더군요. 바람이 없는 날은 시간이 멈춰 선 듯 느릿느릿 가죠. 한참 바라보아도 그 자리에 그대로 돛만 한들한들거리고 있어요. 잊어버리고 딴청 부리다 쳐다보면 언제 흘러갔는지 섬 모퉁이를 돌고 있습니다. 바닷물이 출렁거릴 만큼 바람이 이는 날이면 순식간에 지나가 버리기도 합니다. 한껏 바람 받은 벙벙한 돛은 한쪽으로 터질 듯이 부풀어 있고 배도 거의 넘어갈 듯 기울어 있죠.

여름에는 앞섬과 우리 섬 사이 빠끔하게 보이는 바다로 해가 집니다. 해가 야트막한 산 위로 넘어 갈 때도 예쁘지만 저는 바다로 질 때가 더 좋아요. 날마다 다른 모습을 펼쳐 보이고 해는 날름 바다 속으로 빠져버리지요. 시꺼먼 먹장구름이 한바탕 비라도 쏟아놓은 뒤 해질녘은 더욱 장관이지요. 또 구름에 가린 해가 사방으로 피워 올리는 빛살은 얼마나 다사로운지요.

지나가기만 하던 돛단배가 우리 집 앞에 닻을 내릴 때도 있습니다. 가을걷이가 끝나갈 무렵이죠. 밀물 때 선착장까지 물이 찰랑찰랑 들어차면 배를 대지요. 썰물 때 물이 밀려나가도 그대로 갯벌 위에 비스듬히 놓여 있게 됩니다. 당당하던 돛은 힘없이 내려져 있구요. 폭이 두세 뼘 되는 널빤지로 배와 땅을 연결하여 뱃사람이 오르내립니다. 섬사람보다 더 까맣게 그을린 사람들을 몰래 대문간에 숨어 훔쳐보지요.

배 위에 가득 옹기가 실려 있습니다. 어찌나 많이 실었는지 배는 보이지 않고 그릇들만 보입니다. 반질반질 윤이 나는 갖가지 옹기가 차곡차곡 쌓여 있죠. 빌린 달구지에 옹기를 싣고 이 마을 저 마을 돌면서 팝니다. 저녁에는 곡식 자루를 달구지에 싣고 오죠. 며칠 그렇게 돌고 나면 쟁여있던 옹기도 많이 줄어들죠. 다시 밀물 때 맞추어 가벼워진 몸피로 돛을 올려 떠납니다. 자고 나면 가버리고 없기도 하지요. 갯벌에 배 밑창과 닻 자리만 흔적으로 남기고요.

김장철이 다가오면 소금배가 들어옵니다. 여기저기 염전에서 소금을 싣고 나와 배로 옮깁니다. 좁고 긴 널빤지 두 개가 배하고 땅을 연결해 놓지요. 아저씨들은 어깨짐으로 소금을 나릅니다. 널빤지 한 쪽으로 가고 한 쪽으로 내려옵니다. 아래로 바닷물이 넘실대는데 무섭지도 않은지 소금 멘 뻐딱한 몸으로 달리기 하듯 합니다. 널빤지가 금방이라도 부러질 듯 휘청휘청거리죠. 아저씨들이 잠시 쉬는 사이 저도 건너보려고 살금살금 가 봅니다. 채 두어 걸음을 떼지 못하고 나울거리는 물결에 어지러워 뒷걸음질치고 말지요. 소금배는 썰물이 오기 전에 후딱 싣고 뒤뚱거리며 떠납니다. 떠나는 배를 보면 고물은 보이지 않고 하얀 산 하나가 둥둥 떠가는 듯하죠.

겨울에는 바다가 조금 꿈틀거립니다. 저는 어스름한 저녁 무렵에 나타나는 상괭이 때문이라고 믿죠. 꺼무죽죽한 상괭이들이 바닷가로 와서 미끈한 등을 보였다 잠수했다 하면서 재주 부리면 바다가 몸살 합니다. 어른들도 상괭이 봤다고 하면 바람 일겠다고 바람설거지를 합니다. 다음날은 어김없이 배가 오지 않아요. 사람이 살지 않는 것처럼 정말 고즈넉한 곳으로 변합니다.

큰바다는 집채만 한 파도가 인다는데 우리 집 앞 바다는 넓지 않으니 파도도 크지 않을 수밖에요. 뜨뜻한 아랫목에 배 깔고 누워 있으면 파도소리가 소살소살거리죠. 이런 날 운 좋게 함박눈이라도 내리면 얼마나 멋진지요. 너운너운 날려 바닷물로 빠지는 눈송이들을 보고 있으면 공주가 산다는 성도 부럽지 않죠.

  몇 년 만에 온 고향. 종선도 타지 않고 차까지 싣는 튼튼한 철선을 탄다. 앞섬과 우리 섬은 공룡 뼈 같은 웅장한 다리로 이어졌다. 이제 옹기배도 소금배도 오지 않겠지. 노란 유채꽃으로 물들던 산자락 밭은 묵정밭이 된 지 오래고. 다행스레 바다는 아직 그대로다. 배가 자주 다녀 하루에 수없이 길 열어주느라 바쁘긴 하지만. 온몸 담궈도 따뜻할 것 같은 바다. 날마다 바다로 빠지는 해도 여전하다. 배 위에서 보니 얕은 바닷물에서 상괭이 한 마리가 언뜻언뜻 노는 듯하다.

가보

결혼할 때 친정아버지에게 받은 누런 봉투가 하나 있다. 봉투 속에는 한지에 전주최씨연촌공파全州崔氏烟村公派 일 대부터 이십칠 대까지가 적혀있다. 이 내력을 큰오빠에게 들었다.

6·25때였다. 남도 작은 섬에도 전쟁의 광기는 맹렬했다. 언제 누구 손에 죽을지 몰랐다. 남에게 못할 짓 하지 않았는데 무슨 일 있으랴 싶었던 아버지에게도 부역했다는 누명이 씌워졌다. 아버지를 총살시키라는 명령을 받고 목포에서 경찰 두 명이 출동했다. 한밤중 자고 있던 아버지는 옆구리에 총구를 들이대는 사람에게 끌려 외진 바닷가로 갔다. 아버지를 구덩이에 파묻고 바로 떠나려는지 배 한 척이 대기하고 있었다. 경찰 한 명이 총을 꺼내 아버지에게 겨누면서 동료에게는 자기가 처리하고 갈 테니 먼저 배에 가 있으라고 했다.

"뱃길로 여러 날 오면서 당신 이름을 댔는데 나쁘다고 말한 사람이 없더라. 오히려 많은 사람 살려 줬다고 하더라. 누가 해치려고 작정 한 것 같다. 총 쏘고 갈테니 구덩이에 꼼짝 말고 있다가 도망가서 전쟁이 끝날 때까지 숨어 살아라. 당신 살아 있는 걸 알면 나도 죽는다."

이야기를 마친 경찰은 지체 없이 어둠 속에 두 발의 총성을 남기고 떠났다.

아버지는 구덩이 속에 죽은 듯이 웅크리고 있다가 집으로 숨어 들었다. 하직 인사만 올리고 떠나려는 아버지를 할아버지가 잡았다. 할아버지는 큰아버지와 큰오빠를 다른 가족 몰래 깨웠다. 할아버지는 날이 밝기 전에 떠나야 하는 아들을 곁에 두고 먹과 한지를 꺼냈다. 큰아버지와 아버지는 가는 붓으로 집안의 내력을 쓰기 시작했다. 할아버지는 먹물이 채 마르지 않는 한지를 접어 아버지와 큰오빠 가슴 속에 하나씩 넣어주었다.

열 살이던 큰오빠는 집안의 장손이었다. 종가와 큰집에서는 아들만 낳으면 돌을 못 넘기고 잃었다. 큰오빠는 돌을 넘기고도 잘 자라고 있는 손이었다.

할아버지는 해코지하려는 사람들이 분명 장손인 큰오빠도 가만히 놔두지 않으리라는 생각에 같이 도망가라고 했다. 큰오빠에게 혹시 아버지와 헤어지더라도 이것만 잘 간직하고 있으면 가족을 찾을 수 있다고 일렀다. 아버지에게는 비록 말은 하지 않았지만 아버지가 험한 꼴 당하면 시신이라도 찾겠다는 뜻이었다. 할아버지는 편지 한 장을 써주면서 앞섬 친구 집으로 가라고 했다.

큰아버지가 종선에 올라 노를 잡았다. 사위는 고요한데 덜거럭덜거럭 노 젓는 소리만이 바다 위로 퍼졌다. 할아버지 친구 분은 당신이 기거하는 사랑방 벽장 속에 아버지와 큰오빠를 숨겨 주었다. 낮에는 분주하게 많은 사람이 드나들었다. 아버지와 큰오빠는 몸도 쭉 펴지 못한 채 새우처럼 꼬부라져 있었다.

그러던 어느 날, 큰아버지가 찾아왔다. 아버지에게는 어디 바닷가로 가면 배가 있을 테니 그걸 타고 육지로 나가라고 했다. 큰오빠는 같이 다니면 위험하니까 집으로 데려가겠다고 했다. 날이 어둑어둑해지자 큰아버지와 큰오빠는 길을 나섰다. 보리가 패기 전에 숨어 들어갔는데 밭에는 보릿가실이 끝나가고 있었다. 큰오빠는 집으로 와서 다시 할아버지 방 벽장 속에 숨었다. 그때까지도 집안사람은 물론 어머니도 아버지와 큰오빠가 어디로 끌려가서 죽은 줄 알았다고 한다.

가슴속에 지니고 있던 가보家譜가 아버지를 지켜주었을까? 아버지도 큰오빠도 식구들 모두 무사히 전쟁이 끝났다. 할아버지는 많은 사람이 개죽음 당한 전쟁 와중에 당신 아들과 손자를 살려 준 것은 인심이었다고 굳게 믿었다. 보릿고개에 곡식 담아갈 수 있게 곳간 문을 열어 놓은 일, 돈 없는 학생에게

장학금 준 일이 결국 집안을 살렸다고 생각했다. 그때부터 소작농에게 논밭을 그냥 지으라고 내주었다.

"아부지 돌아가실 때쯤 퇴행성관절염이라고 무릎 펴지 못했잖아. 벽장 속에서 꾸부리고 주무시던 뒤부터 새우잠으로만 주무셔서 그랬지 않았으까 싶었다."

생각해 보니까 아버지는 늘 오그리고 주무셨다.

아버지는 자식들이 결혼할 때마다 손수 한지에 한 부씩 가보를 필사하여 주면서 무슨 말씀을 하고 싶으셨을까. 활동적이고 모든 일에 적극적이던 아버지는 전쟁 후 성격이 바뀌었다고 한다. 전쟁 한참 뒤에 태어난 나는 평생 욕심 없이 모든 걸 초월한 듯 사는 아버지만 보았다.

아버지 가슴속에 지니고 있었던 가보를 큰오빠는 간직하고 있다. 이것은 우리 집안을 지켜준 부적이요 수호신이다. 낡고 해진 이것이야말로 진정 우리 집 가보家寶가 아닐까.

잔잔한 시하바다

 새해 첫날, 친정아버지 제사를 모시러 서해안고속도로를 달렸다. 서해대교에서 차까지 휘청거릴 정도로 불던 바람은 목포까지 따라와 미친 듯이 설치고 있다. 친정에 가려면 목포에서 배 타고 한 시간 남짓 가야 하는데 전 해상에 내려진 태풍주의보 때문에 뱃길이 끊겼다.
 식구들이 모두 목포 오빠네로 모였다. 기상예보를 계속 들어보았지만 태풍주의보 해제라는 말은 나오지 않았다. 거기다 밤이 깊어지자 눈까지 쏟아져 내렸다. '설마 아버지가 내일까지 바람 불게 하진 않을 것이다.'는 믿음으로 안 오는 잠을 청했다.
 다음날 아침에 일어나 보니 온통 눈 세상이다. 목포에서 보기 드문 폭설이다. 다행히 바람은 잤는지 낮 12시에 주의보가 해제되고 배도 뜬다고 했다. 이틀 간 배가 묶였으니 복잡할 거라고 서둘러서 모두 선창으로 나갔다. 바닷가는 아직도 덜 잔 바람이 고개가 돌아갈 정도로 세차게 불었다.

 스무 명에 가까운 식구가 배를 탔다. 목포항을 떠난 배가 시하바다에 이르러 크게 흔들리면서 놀기 시작했다. 다도해라는 말에 걸맞게 섬이 많아 바다가 좁지만 이곳만은 제법 넓어 '큰바다'라고 부른다. 속이 울렁거리면서 멀미가 났다. 사람들이 이리저리 기대고 눕는다. 선실이 있는 이층까지 파도가 밀려와서 부딪히는 걸 보면 차 실려 있는 아래층은 물바다가 되었을 것이다. 차 수십 대 실을 수 있는 지금 배는 옛날 작은 배에 비하면 생각도 못할 정도로 좋아졌다. 그런데도 배 모양이 아래가 뾰족하지 않고 반듯하여 조그만 파도에도 심하게 요동친다. 한 번씩 기우뚱할 때마다 성난 파도가 달려든다. 삼십 분이면 지나는 큰바다를 한 시간 정도 헤치고 나왔다. 섬들이 가까이 보이고 몸살 치던 배도 한결 잠잠해졌다.

 땅에 발이 닿으니 살 것 같다. 배에 실었던 차는 바닷물을 맞아 유리창이 하얀 소금기로 덮여 있다. 집에 들어서니 못 올까봐 노심초사하고 있던 엄마가 달려 나오신다. "느그 아부지가 느그들 오라고 쬐끔 바람을 재워 줬는갑다." 오후 두시부터 다시 태풍주의보가 내려서 배가 끊어졌단다. 그래서 배가 더 심하게 놀았나보다

 방으로 들어갔다. 아랫목에 깔린 이불 속으로 발을 넣자 옹

송그려졌던 몸이 펴진다. 엄마는 찰시루떡, 약식, 식혜, 수정과, 두부, 돼지고기에 김장김치까지 떡 벌어지게 차려 오신다. 음식이 맛깔스럽게 혀에 착착 감긴다. 이걸 장만하느라 올케는 얼마나 많은 공력을 들였을까. 끼릿끼릿하게 커버린 조카 녀석들이 순식간에 접시를 비운다. 엄마는 "워메워메 우리 새끼들 소도 잡어 묵겄다."하시면서 계속 빈 그릇을 채워 주느라 바쁘다.

밤 열 시가 넘어 진설을 하기 시작했다. 붓글씨 잘 쓰는 막내오빠에게 축문을 쓰라고 하자 이번 제사에는 어려운 한문 대신 한글로 쓰면 어떠냐고 했다. 다들 좋아했다. 축문 내용은 둘째오빠가 맡았다. 모두 아버지께 하고 싶은 말 있으면 하라고 했다. 나 좀 빨리 데려가라는 엄마 거짓말을 시작으로 대학에 합격시켜 달라고, 농사 잘 되게 해 달라고, 아들 결혼시켜 달라고 한마디씩 하느라 왁자그르했다. 오빠는 모두의 소망을 두 장의 종이에 빼곡하게 적었다.

좁은 방에 서너 줄로 섰다. 오빠가 축문을 읽기 시작했다.

아버지께서 세상을 떠나신 지 어언 7년이 흘렀습니다. 어머니는 아직 정정하시어 혼자 서울 나들이도 하십니다. 지난 가을에는 증조할머니 산소 일을 다시 하였습니다. 큰형님과 저는 직장을 퇴직하고 다른 곳으로 옮겼습니다. 맏손녀 연정이가 이번에 첫 아들을 낳았습니다. 올해는 아버님 유택도 선산으로 모시려 합니다만 미욱한 저희들로서는 잘 할지 걱정이 앞섭니다.

　축문은 계속되었다. 삼 년 탈상 후로 처음 참석한 제사다. 아이들 어리다는 핑계로, 멀다는 이유로 오지 못했다. 가족이 모이면 유난히 좋아하셨던 아버지. 손자 손녀들까지 이렇게 많이 왔는데 오늘밤만이라도, 아니 잠시만이라도 우리 곁으로 오실 수는 없을까. 우리 마음을 읽기라도 했는지 한 쪽에 앉아 계시던 엄마가 혼잣말하듯 "그 길은 뭔 놈의 길이 한번 가면 못 오끄나. 이리 다 왔응께 오고 잡기도 할 것인디." 하셨다.
　다음날, 바다는 잔잔했다.

밤달애

 엄마는 지난겨울 눈길에 넘어져서 고관절 수술을 하셨다. 수술을 감당할 수 있을까 걱정하였는데 잘 견디셨다. 담당의사도 놀랄 정도였다. 가족, 친척, 동네 분들 병문안이 이어졌다. 엄마는 누가 무엇을 사오고, 얼마 주고 갔다고 사람들 면면을 이야기하느라 바쁘셨다. 꼭 올 사람이 안 온다고 기다리기도 하고, 누구 어멈 죽었을 때 부조 얼마 했는데 그 아들은 반만 주고 갔다고 서운해 하기도 하셨다.
 엄마는 수술 후 죽만 드셔야 했다. 움직이지 못하고 누워 있으니까 소화도 안 되고 음식이 넘어가지 않았다. "배 곯아 죽겄다. 곰국에다 밥 좀 말아 묵으면 원이 없겄다."하셨지만 갈수록 미음 넘기기도 힘들어졌다. "안 드시면 못 일어나요. 그러면 요양원 가야 하는데 거기 가실래요?" 오빠는 한 숟갈이라도 더 드시게 하려고 반 협박을 하였다. 엄마는 섬 보건소는 병원으로 치지도 않고 육지 큰 병원만 고집하셨다. 그런데 언젠가부터 아픈 노인들이 육지로 나가면 돌아오지 않고 요양원이란 곳으로 갔다. 엄마가 생각하는 요양원은 옛날 양로원이다. 그때부터 엄마는 보건소 단골손님이 되셨다. 보건소 주치의 호칭도 아무것도 모르는 젊은 것에서 어려운 공부 많이 한 의사 선생님으로 바뀌었다.

엄마는 하루가 다르게 기력이 쇠진해지고 정신까지 혼미해지셨다. 간병인을 그만두게 하고 시간 낼 수 있는 가족은 모두 모여 엄마 곁에 있기로 했다. 나도 병원 가까이 사는 오빠 집에 짐을 풀었다. 오빠 집 거실은 이불이 산더미를 이루었고 올케는 밥 해대느라 분주했다. 다른 올케는 점심밥을 싸서 날랐다. 그것도 여의치 않은 가족은 돌아가면서 밥을 샀다.

자식들은 이제 이룰 수 없는 꿈이 되어 버린 일을 생각하고 있었다. 평생 엄마 모시고 산 시골 오빠는 엄마가 다시 일어나 이 년만 더 사셨으면 좋겠다고 하고, 병원 옆에 사는 오빠는 엄마와 집에서 식사 한 끼 했으면 하고, 교장 선생이 된 막내오빠는 학교에 모시고 가고 싶다고 했다.

어느 날 간호사는 엄마가 보고 싶은 분이 있는 것 아니냐고 물었다. '증손자까지 다 와서 봤는데….' 아, 큰오빠. 돌아가신 큰오빠 생각이 났다. 엄마에게 숨겨온 사실이다.

"엄마, 2년 전 구순 잔치 못 했잖아. 그때 큰오빠 돌아가셨어. 엄마 생신 일주일 전에. 그 동안 외국 갔다고 거짓말 했던 거 죄송해요. 큰오빠 아버지 옆에 있어요."

엄마가 정신이 맑아지는 새벽에 말씀을 해 드렸다. 엄마는 짐작으로 긴가민가하였을 큰아들의 변고를 처음 들은 것이다. 엄마의 가쁜 숨소리가 서서히 편안해지셨다.

다음날 의사는 오늘이 고비라고 했다. 병실비가 만만치 않았지만 하루 이틀이다 생각하고 보호자용 침대에 응접실까지 있는 특실로 모셨다. 장례 절차를 의논하느라 갑자기 분주해졌다. 평소 나누는 걸 좋아하셨으니 음식은 푸짐하게 해야 한다. 남자들은 똑같이 상복 빌려 입기로 하자. 도와줄 사람은 손자들이 많으니까 문상객 보아가면서 부르자. 엄마가 들으니까 조용조용 하자면서도 어느 순간 목소리가 커졌다.

엄마는 우리들 계획과는 상관없이 이제 알 것 다 알았으니 걱정 없다는 듯 하루하루 차도 없이 누워계셨다. 넓어진 병실에서 엄마에게는 주사기로 알량한 식사를 넣어 드리면서 우리는 호박죽도 쑤어 오고, 피자도 시키고, 팥칼국수도 사와서 날마다 먹자판을 벌였다. 우리가 이렇게 재미있게 놀고 있는데 엄마가 더 살고 싶지 아버지 곁으로 가고 싶겠냐고도 했다. 또 어렸을 적 이후로 형제들이 이렇게 함께 지내보기는 처음이고 엄마 덕분에 끈끈한 우애를 다지고 있다고도 했다. 누워계신 분은 주변이 조용한 것보다 가족들 즐거운 소리가 들려야 더 안도감이 든다는 간호사의 말도 한몫 거들어 우리는 미리

밤달애*를 하고 있었다.

 특실로 모신 지 일 주일이 지났다. 병원비 걱정하는 소리가 나오기 시작했다. 모두가 참고 있기라도 했다는 듯, 호스로 드시면서도 몇 년 사는 분도 있다더라, 평소에 약 많이 드신 분은 힘들게 가신다더라, 요즘은 병원에서 노인 수명을 한없이 연장시키고 있다더라, 여기저기서 들은 말들이 오갔다. 며칠만 더 지내보고 다시 일인실로 모시든지 요양원 알아보든지 하자고 했다. 지금 생각하니까 엄마는 마지막 길을 힘겹게 넘고 계셨는데 우리는 잠 설쳤다고 찜질방 가서 쉬고, 뒷산 산책도 하고, 자기 볼일 보면서, 그따위 불경한 말들을 하고 있었다.

 집을 오래 비웠으니 교대로 집에 갔다 오자고 했다. 나도 남편 생일도 있고 아들도 개학하는 날이어서 밤에 올라왔다. 임종 자식은 따로 있다더니 다음날 아침 엄마는 홀연히 가셨다. 남편과 자식 핑계로 하루를 못 참고 올라왔을까 싶기도 하고, 엄마 곁에서 보름간이나 밤을 지새웠는데 막내딸 배웅은 받고 싶지 않으셨나 싶기도 했다. 엄마는 여러 날 말씀을 못하셨는데 그날 아침에는 또렷한 목소리로 아들 며느리 다 둘러보시면서 "느그들한테 미안하다."고 하셨단다. 팔남매 기르느라 허리가 휘었으면서도 무엇이 그리 미안하셨을까.

 문상객들은 호상이라고 하였다. 구십 평생 큰 병치레 하지 않고 마지막 50일간 병원에 계시면서 자손, 친척 다 보셨으니 호상일까. 하지만 당신 큰 기둥이었던 큰아들을 먼저 보냈는데… 병원차에 실려 나온 뒤 가고 싶은 집에 다시 가 보지 못하였는데… 잠자듯이 남의 손 안 빌리고 가고 싶다던 평소 원도 이루어지지 않았는데…. 자정이 지나자 문상객이 뜸해졌다. 오빠들이 빈소를 지키기로 하고 남은 가족은 여기저기 흩어져 누웠다. 눈을 붙여야 한다고 했지만 잠이 오지 않았다.

엄마 가신 지 50여 일 만에 산소에 왔다. 절하고 일어서는 올케들 목이 반짝반짝 빛난다. 둘째 올케가 그동안 고생한 동서들에게 선사한 목걸이다. 시누이는 이해하리라 믿고 동서들 것만 준비했단다. "무겁지 않아요? 한번 풀어 봐요."하니까 올케는 안 한 것처럼 편하단다. 다른 올케들도 목걸이를 만지면서 환하게 웃는다.

*밤달애: 전남 신안섬 지방 상가에서 밤새워 노는 축제식 장례문화

범치오빠

 오빠가 무서웠다. 막내라고 가족은 물론 동네사람까지 예뻐했는데 나를 야단치는 유일한 사람이 오빠였다. 학교 가기 싫어 꾀병 부리다 집 밖으로 쫓겨나기도 하고, 뭘 사 달라고 조르다 물당고 위에서 한나절 벌을 받기도 했다. 독 가시가 몸뚱이에 덮여 있다는 생선 범치, 오빠의 별명을 '범치'라고 지었다. 앞에서는 입도 뻥긋 못하고 뒤에서만 흉보듯 그리 불렀다.
 오빠 학창시절 일기장과 시화집이 집에 있었다. 일기에는 소소하고 재미있는 일이 많았다. 범치와 도저히 어울리지 않는 내용이었다. 방학 때마다 오빠 일기를 적당히 버무려 일기 숙제를 했다. 시화집은 사인펜으로 그린 그림도 멋있었지만 시도 뛰어났다. 글짓기 숙제 때마다 이것저것 한 편씩 골라서 베껴 갔다. 〈윤사월〉이나 〈산유화〉는 길이가 짧아서 애용하였고, 잘 썼다고 친구들 앞에서 낭송까지 하였다. 오빠 작품인 줄 알았던 시들은 고등학교에 가서 보니까 국어책에 전부 실려 있었다. 오빠는 책에다 떡살처럼 생긴 고유한 도장을 찍고 구입한 날짜와 사인을 해 놓았다. 나도 그 옆에 어설프게 서명을 하고 내용도 잘 모르는 책을 무작정 읽었다.

 오빠는 취직으로 나는 고등학교 진학으로 고향을 떠났다. 범치 굴레를 벗어나 훨훨 날았다. 한데 그것도 잠시였다. 서울로 올라온 나는 결혼한 오빠 집에서 살게 되었다. 여전히 오빠는 어려웠다. 오빠 앞에서는 팔다리가 드러난 옷도 못 입고 발을 뻗고 앉지도 못했다. 눈을 똑바로 쳐다보고 말하는 것도 힘들었다. 방학 때 집에 가면 오빠가 사다 놓은 책을 읽으면서 오빠가 고맙기도 하고 내가 좀 더 곰살궂게 굴어야지 생각도 해 보지만 마음뿐이었다.

 오빠가 공직생활을 마치고 퇴직을 하였다. 그즈음부터 미술관을 같이 다니게 되었다. "고흐 왔는데 한번 가자." 이런다든지, "방학해서 학생들 많아지기 전에 르누아르 안 볼래?" 이러면서 나를 서울로 불러냈다. 전시 작가에 대해 조근조근 설명해 주는 걸 좋아했다. 그림을 보고 나면 밖으로 나와 점심시간이 지나기를 기다리면서 고궁 담장에 줄느런히 세워 놓은 화상 그림을 보기도 하고, 좌판에 있는 옷이나 액세서리를 구경했다. 오빠가 사 줄 테니까 골라보라고 하면 나는 아니라고 손사래를 치면서 물러났다. 그때까지만 해도 오빠는 액세서리 하나 사 달라고 응석 부릴 만한 편한 존재가 아니었다. 미술관은 오빠가 오랫동안 근무했던 곳 옆이었다. 스물 몇 살 때 저 건물로 첫 출근을 했다고 감회에 젖어 이야기하는 오빠 옆으로 젊은이들이 유영하는 물고기 떼처럼 지나갔다.

　미술관 나들이가 잦아지면서 범치 오빠의 몸에 박혀있던 가시들이 하나둘 빠지기 시작했다. 책과 그림을 좋아하고, 노을이 곱다고 얼른 노을 보라고 전화하던 오빠는 원래 범치가 아니었을지 모른다. 막내로 버릇없이 자랄까 봐 유독 나를 엄하게 대한 것은 아닐까? 한결 편안해진 오빠와 많은 이야기를 나누었다. 형제들 일이나 집안 대소사에 내 의견을 묻기도 했다. 그럴 때면 내심 뿌듯하기도 하고 격세지감도 느껴졌다. 막내인 나를 끝물이라고 놀리면서도 형제들에게 치대지 않고 잘 산다고 대견해 하기도 했다.

　오빠 소일거리는 낚시였다. 낚시터에 나도 가본 적이 있다. 오빠가 오랜만에 월척을 잡았다고 구경 오라고 했다. 간식을 사가지고 찻길도 없는 수로를 물어 물어서 찾아갔다. 일인용 텐트 앞에 우리 팔남매를 의미하는 것처럼 낚싯대 여덟 개를 쫙 펼쳐놓고 있었다. 새까맣게 탄 얼굴하며 개흙 묻은 옷이 노숙자나 다를 바 없는 몰골이었다. 낚시의 정취를 모르는 나는 라면으로 끼니를 때우면서 밤낚시 하는 오빠가 짠했다. 오빠는 이 생각 저 생각 하면서 찌를 바라보고 있는 시간이 좋다고 했다. 구름도 달도 날아가는 새도 혼자 보기 아까운 풍경이 많단다. 낚시터에서는 무슨 차를 타는지, 직업이 무엇인지는 소용없고 얼마나 큰놈을 잡았는가만 중요하단다. 오빠는 비늘이 손톱만한 놈들을 자그마치 아홉 마리나 잡아 놓고 있었다. 맥짜리 붕어들을 보려고 사람들이 몰려드는 걸 보니까 평생 월척 한 마리 잡기도 힘들다는 오빠 말이 허풍만은 아닌 듯싶었다.

오빠는 가끔씩 내가 사는 곳으로 오기도 했다. 나이 드니까 불현듯 동생이 보고 싶을 때가 있다면서 와서 밥을 사 주었다. 장미공원에 꽃이 필 때쯤에도 찾아왔다. 공원에 갔는데 꽃이 만개하지 않아 며칠 뒤에 다시 오기로 하고 내려왔다. 내려오면서 석양빛이 고와 핸드폰으로 사진 한 장을 찍어드렸다. 오빠 모습을 담은 마지막 사진이 되었다.

그날 밤도 오빠는 낚시도구를 거실 가득 펼쳐놓고 손보았다고 한다. 감기로 목이 아프다고 약을 먹었는데 한밤중에 편도가 부어 기도를 막아버렸다. 장미꽃 필 무렵부터 여름 한철 중환자실에 있다 말 한마디 못하고 허망하게 떠나셨다. 낚시터에서 찌 바라보듯이 우리 형제들을 늘 바라보면서 살펴주었던 오빠였는데, 몇 달 뒤 칠순잔치 하자고 했는데…. 올케는 오빠가 가장 아꼈던 찌를 가슴 속에 넣어드렸다.

오빠가 꿈에 보였다. 훤칠한 키 말끔한 옷차림 평소 모습 그대로였다. 반가움에 달려가 팔짱을 끼었다. 생전에 해보지 못한 살가운 행동을 꿈속에서 한 것이다.
 일주일 뒤 오빠 첫 기일이다.

소금밭

 가족 모임에 오빠가 소금을 한 트럭 가져왔다. 필요한 만큼씩 가져가라고 했다. 예전에는 차에 간물 빠진다고 다들 꺼려 하더니 이제는 소금자루 나르느라 바쁘다. 나도 트렁크에, 뒷좌석에 가득 실었다.
 정월대보름이 지나면 염전을 다듬는다. 모든 일을 사람이 하던 시절이었다. 남자들은 송판을 물꼬 크기에 맞게 톱으로 잘라 물꼬막이를 만든다. 여자들은 겨우내 거북등같이 일어나 허름해진 염전 판을 호미로 긁는다. 여자들 대여섯 명이 한 줄로 서서 발발이를 한다. 어깨동무 했다 손잡았다 하면서 묵은 흙과 새 흙을 섞어준다. 발발이로 다진 뒤에는 돌달구로 달구질을 해준다. 밥알이 떨어지면 집어먹어도 될 정도로 매끈한 판이 만들어진다.

4월부터 소금을 낸다. 바닷물을 우선 저수지에 가둔다. 누테와 난찌, 증발지를 거쳐 결정지에서 소금이 만들어진다. 바닷물 염도는 2도 정도인데 증발지를 거치면서 결정지까지 오면 25도 정도가 된다. 염도를 계속 측정하면서 물을 결정지 쪽으로 옮겨준다. 염전은 얼핏 보면 높이가 같아 보이지만 판마다 조금씩 경사가 있어 물이 흐르게 되어 있다. 저수지 바닷물이 결정지까지 오려면 봄가을은 열흘 정도, 여름은 사흘 정도 걸린다.

 염전마다 해주 창고가 있다. 내려앉아버린 지붕같이 생겼다. 비가 오려고 하면 증발지 물을 가두기도 하고, 결정지로 보낼 물을 저장해 놓기도 하는 곳이다. 염도를 높여 놓은 증발지 물이 비를 맞으면 다시 처음 바닷물부터 시작해야 한다. 비 맞히지 않으려고 염부鹽夫는 일기예보에 귀를 기울이고 하늘을 살핀다. 한밤중이든 새벽이든 빗방울만 떨어지면 달음질한다. 비가 자주 오는 여름철은 소금 창고 옆에서 살기도 한다.

 소금은 바닷물과 햇볕, 바람으로 만들어진다. 비만 안 오면 여름에는 날마다, 봄가을에는 이삼 일에 한 번씩 소금을 낼 수 있다. 햇볕이 강하지 않고 증발 속도가 빠른 유월 소금을 최고로 친다. 소금은 굵기에 따라 대발, 중발, 소발이라고 하는데 이때 대발소금이 나온다. 결정지에서 소금꽃이 피면서 소금이 만들어지는 것을 '소금이 온다', '소금 살이 찐다'라고 하는데 바람 한 점 없는 땡볕에 소금 오는 것을 바라보면 장관이다. 보석 뿌려 놓은 듯 사방에서 반짝반짝 빛이 난다. 늦은 오후가 되면 고무래로 소금을 모아 가장자리에 작은 산처럼 쌓는다. 소금을 강고에 담아 어깨에 메고 창고로 운반한다. 가을까지 소금은 여기서 간수를 흘려보낸다.

소금 값이 좋았다. 소금 오는 것이 곧 돈이었다. 대패질로 돈 긁고 있는 거나 마찬가지였다. 염부 수입도 괜찮았다. 염부 일은 젊은 사람도 일주일이면 혀가 빠져 도망간다고 하지만, 염전에서 한번 일 해본 사람은 놓지 못했다. 염부는 좋은 염전으로 가려고 했다. 인심 잃은 염주鹽主는 염부를 구하지 못해 애먹지만, 서로 하려는 염전도 있어 경쟁이 붙기도 했다. 하지만 염부끼리 손발이 맞아야 하기 때문에 한 염전을 오랫동안 맡아서 하는 경우가 많았다. 가을이 되면 소금 배가 왔다. 소금 팔고 얼마 있으면 염부들이 와서 좁은 방을 꽉 채웠다. 염부들은 등불 아래서 돈뭉치를 세고 신문지로 둘둘 말아 옷 속에 넣어가지고 갔다.

소금이 수입되기 시작하면서 값이 떨어졌다. 염주들은 머리와 어깨에 띠 두르고 여의도로 과천으로 다녀보았지만 뾰족한 방법이 없었다. 돈이 되지 않으니 염부도 떠났다. 인건비 줄이기 위해 염전 바닥에 까만 고무판을 깔았다. 달구질 안 해도 되고 대패질도 편해졌다. 수차 대신 양수기도 달았다. 예전에는 염주와 염부가 수익을 6:4로 나누었는데 4:6으로 해도 나서는 사람이 없었다. 젊은 염주는 본인이 하지만, 나이 많은 염주는 할 수 없이 염전을 묵혀야 했다.

　소금이 팔리지 않았다. 소금 창고에 소금이 넘쳐나 창고 옆까지 쌓였다. 정부에서는 폐염전으로 신청하면 보상금을 주었다. 폐염전에 대출 받아 새우 양식을 하라고 권장했다. 소금꽃 피던 곳에 새우가 펄떡거렸다. 바늘구멍 하나 없이 반질반질 하던 염전 바닥은 함초로 뒤덮였다. 사람들은 경험 없이 새우 양식에 뛰어들었다 몇 년 해보지도 못하고 손을 들었다. 보상금 다 들어가고 대출금만 남고 염전은 사라졌다.

　이제 염전이 귀하다. 갯벌도 줄어들고 폐염전도 많아졌다. 덩달아 천일염도 인기다. 수입 소금에 치이고, 선상에 해롭다고 찬밥 신세더니 활기를 찾고 있다. 귀하면 찾는 사람이 많아지나 보다. 돈 있는 사람들이 땅 투기 하듯 염전을 사려고 한다. 섬에 사는 오빠에게도 도시 부동산중개소에서 전화가 가끔씩 온다. 전화 받을 때마다 염전 팔아서 조금 편하게 살까 마음이 흔들린다. 염주에서 염부로 뼈 휘면서 묵묵히 살아가는 오빠에게도 대발소금 같은 날이 왔으면 좋겠다.

2부

수주 아내의 항변
별들과 함께 한 당신
꽃을 밟고 나는 돌아가네
제목들의 향연
정미경을 그리다
보진주
취비강 건너 간 시인
누가 봐도 부천사위 이기호
이제 자유롭게 사랑하소서
가깝고 아름다운 원미동

수주 아내의 항변

많은 분들이 오셨구려. 문학제를 한다기에 와 보았소. 내가 누구냐구요? 수주樹州 변영로卞榮魯 마누라 양창희梁昌姬요. 가만 보니 부천에서 수주문학상도 만들고, 수주 책을 다시 내기도 합디다. 그런데 모두 다 '수주 수주'지 함께 살면서 고생한 내 이야기는 아무도 안 하는 거여. '수주' 하면 말술도 마다하지 않았다는 술꾼 아니요? 그 술꾼 마누라로 살았던 내 이야기 좀 하려고 이리 왔소.

수주가 "이년아! 썩 내려와라!" 하면서 저쪽에서 달려올 것 같기도 하네요. 만취해 들어오면서 "이년아!" 하고 부르는 것이 나를 부르는 소리였으니까. 그 소리만 나면 밥상에 앉아있다가도 이웃집으로 도망을 쳤지. 그러면 "거기 대가리 허옇게 희고 코 빨간 년 있거든 당장 내쫓아라. 세상에 둘도 없는 악독한

년이다." 하면서 "문 열어주지 마라. 뉘네 집에 가서 어떤 놈하고 자빠졌나보다." 하고 대문을 걸어버렸소.

나와 결혼할 때는 술을 마시지 않았다오. '금주'라고 새긴 은패銀牌 하나를 목에 걸고 다녔답디다. 사람들은 "개가 똥을 끊지, 그자가 술을 끊다니 거짓말이다." 하였다는데 6년간이나 금주를 했다니 믿기지가 않지요. 그러다 미국 생활 하면서 다시 술을 마셨다가, 상처한 후에 술을 다시 끊었답니다. 그때는 신문에다 '금주를 단행한다' 이런 글까지 발표했대요. 나와 재혼하고 내가 첫아들을 낳자 득남 자축이란 명목 하에 술을 마시기 시작했어요. 나는 "주정뱅이한테 시집 올 년이 없으니까 교묘한 수작으로 뻔뻔스럽게 신문에다 글까지 내고, 이게 사기 결혼이 아니고 무엇이냐."고 대들었소.

이런 사람하고 어떻게 결혼 했냐구요? 그것도 자식 딸린 남자와? 내가 진주 일신여고(현 진주여고 전신)에 있을 때였소. 김응집金應集 씨와 구자옥具滋玉 씨, 우리 사촌오빠까지 나서서 좋은 사람이 있으니 만나보라고 했소. 세 사람이 중매를 선 거지. 지금은 나라가 없어서 주정뱅이 시인이지만 나라만 있으면 정승감이라나 뭐라나 하면서, 시인의 아내 노릇을 충실하게 할 수 있을 거라고 자꾸 나를 부추깁디다. 그래 한번 만나보자 하고 만났는데 내가 졸업한 대학 교수님이지 뭡니까. 사제 간 결혼도 좋으냐고 묻길래 선생님 하실 탓이라고 했더니 약혼식이고 뭐고 번거로운 거 다 그만두고 3일 후에 결혼식을 하자는 거예요. 그렇게 쉽게 결혼 해버렸소. 쓴맛 단맛 죄다 빠지고 음식으로 말하면 찬밥덩어리인데 눈에 뭐가 씌었어도 단단히 씌었던 거지.

나도 선보는 자리에서 얼굴 한번 못 들 정도로 요조숙녀였다오. 내가 이전梨專 음악과 출신 아니오. 가족들이 둘러 앉아 있는 저녁시간, 세레나데를 연주하는 결혼 생활을 꿈꾸기도 했지. 그런데 남편은 되지 않은 글 좀 쓴다고 친구들과 돌아치면서 허구한 날 술에 취해 있었소. 식구는 남이 난 자식, 내가 난 자식, 떼거지처럼 많은데 가장이라는 작자가 아침 식전부터 술병 들고 앉아 있다고 생각해 보구려. 아침 반주하기 전 맑은 정신으로 있을 때 일장 연설로 분풀이하기도 했지. 한번은 칼 들고 그토록 술에 취해 분간 못하고 살면 어린 것들 먼저 죽이고 나도 죽는다고 했더니 앞으로 절대로 술을 먹지 않겠다고 다짐합디다만 며칠뿐이었소. "어디 나 없이 고생 좀 해봐라." 하고 어린 것들 데리고 교편 자리를 잡아 황해도 구석으로 숨어보기도 했소. 다음해에 아이들 학교 때문에 돌아오기는 했으나 바뀐 것은 아무것도 없었소. 그 뒤로도 애들이 불쌍해서 눈물로 세월을 보내면서 여러 번 집을 나가 보았지만 역시 똑같았지.

취중에 일어난 황당한 일을 어찌 다 말로 할 수 있겠소. 송장 칠 뻔한 적도 한두 번이 아니고, 머리는 깨져서 만날 붕대로 싸매고 다니고, 사흘거리로 이부자리에다 소변을 보았소. 햇볕 따라다니면서 이부자리를 말리고 있으면 속 모르는 이웃은 "댁의 어떤 애기가 날마다 오줌을 쌉니까?" 하고 물어봐요. 집에서만 그러면 다행이게요. 남의 집 이부자리도 망쳐놓고는 했지. 집 얻으러 다닐 때는 술 취한 남편 옮기기 쉽게 문전이 평지인 집을 찾아다니고는 했답니다.

막내딸이 아홉 살 되던 해 초하룻날 아침이었어요. "인숙아, 너를 위해서 아버지는 오늘부터 술 안 먹겠다." 하는 거예요. 어리둥절했지요. 그날부터 집안은 화창한 봄날이요, 다른 세계였소. 나중에 알고 보니까 이유는 다른 데 있었소. 자식 놈들이 부전자전으로 술이 고래인데 밤마다 술 마시고 와서 나더러 술값 안 준다고 살림 때려 부수고, 택시비 달라고 동네가 떠나가라 소리 지르고 하니까, 부자가 이러다가는 붙어 살 동네가 없겠다 싶어서 술을 끊었대요.

수주가 죽은 지 50년이 지났소. 수주문학상이니 수주문학제니 해서 이렇게 활발하게 수주에 관한 일이 벌어질 줄 누가 알았겠소. 중앙공원에 시비도 있고, 오정대로에 동상도 세워져 있습디다. 수주 묘에서 해마다 백일장도 열리고, 참배객도 늘어납디다. 수주를 일컬어 천재 시인, 일제하에서 단 한 줄의 친일 문장도 쓰지 않은 절조의 시인, 조국 잃은 마음을 달래느라 술을 마실 수밖에 없었다 등 여러 말을 합디다. 허나 나는 천재고 뭐고 싫었소. 지금 시대라면 어느 여자가 같이 살았겠소. 일 년도 못 버티고 도망가든지 이혼하든지 했을 것이오.

지금 생각해보면 그 세월 어떻게 건너왔나 싶네요.

하지만 어찌 살면서 밉기만 했겠소. 책 한번 붙잡으면 혼자서 방에 들어가 밥도 먹지 않고 다 읽을 때까지 나오지 않았다오. 나는 그럴 때의 수주가 든든하니 좋았소. 남 비위를 맞추거나 아첨은 하지 못하는 성격이었지. 또한 공연히 남 깎아내리는 법도 없었소. 다정다감한 면도 있었다오. 만취해 오면서도 어린 것 우유만은 잊지 않고 꼭 사들고 왔어요. 또 전처가 죽은 지 20년이 되던 해, 살아있다면 환갑이었답니다. 그래서 가족끼리 절에 가서 그날을 기념한 일이 있었어요. 그 일을 두고 사람들은 나더러 서운하지 않느냐고 했지만 나는 괜찮았소. 자식 다섯이나 낳아준 사람인데 그렇게라도 해 주어야지. 내가 죽더라도 잊지 않고 생각해 주겠구나 싶었지. 수주가 '서울시문화상'을 받았을 때는 내조 잘한 덕이라고 나를 치켜세워줘서 우쭐해지기도 합디다.

좋은 자리에 와서 수주 흉을 실컷 보아버렸소. 소갈머리 없는 아낙네의 한바탕 한풀이라 생각하고 여러분들이 이해해 주구려. 이런 큰 잔치 해 주는 걸 보니까 고향이 좋기는 좋소. 수주가 선견지명이 있어서 고려 때 부천의 지명인 '수주'를 호로 썼나보오. 이제 나도 저기쯤에서 내 꼴을 지켜보고 있는 수주와 함께 산소에 가서 편히 누우려오. 이렇게 좋은 일 하는 여러분들 복 많이 받을 거구만.

별들과 함께한 당신

　수화樹話 김환기金煥基. 당신을 어떻게 만나야 할까 고민스러웠습니다. 어느 선생님이 "제대로 알지 못하면서 아는 체하고 쓰면, 제대로 아는 사람의 눈에 띄자마자 멸시받게 된다."라고 하셨지요. 그래서 오래 미루어 왔습니다.
　달 위로 새 한 마리가 날아가는 그림. 처음 본 당신 그림이었습니다. 중학교 미술책이었지요. 아버지가 당신을 알고 있었습니다. 앞섬 사람인데 증조할머니와 집안이고 아버지와 동년배여서 고향에 있을 때는 왕래하던 사이였다구요. ≪현대문학≫ 표지에 있던 당신 그림도 보여주었습니다.
　여고시절 멋쟁이 국어선생님이 있었습니다. 김광섭의 시 〈저녁에〉를 낭송해주면서 김환기 그림 중에 〈어디서 무엇이 되어 다시 만나랴〉가 있다고 했습니다. 잊고 있던 당신이 생각났습니다. 뉴욕에서 오만가지 생각하면서 찍었다는 점, 점으로 된 그림은 그러고도 한참 후에야 보았습니다.

고향에 왔습니다. 당신 생가에 가야 한다고 나섭니다. 당신 글을 써야 한다는 이유에서이지요. 서너 해 둘러보기만 하고 글은 되지 않아 이제는 아무도 따라나서지 않습니다. 그래서 오늘은 혼자입니다. 당신의 고향 안좌도安佐島와 내 고향 팔금도八禽島는 이제 다리가 놓여 차로 다닙니다. 다리 위에서 호수 같은 바다를 봅니다. 당신 그림에 유난히 푸른빛이 많지요. 평론가들은 당신이 섬사람이어서 고향 바다와 연결시키지만 여기 바다는 푸른빛이 아닌 회색빛에 가깝지요. 그래서인지 나는 당신 그림에서 바다가 아닌 하늘을 떠올리고는 합니다.

당신 태어난 집입니다. 40여 년 전, 초등학교 때 처음 왔었지요. 이 집이 학교 관사였을 때, 교사였던 오빠가 여기서 살았습니다. 마을 가운데 우뚝 서 있던 기와집은 대궐 같았습니다. 마당에 쨍쨍한 햇빛이 내리쬐는 날 우물물로 참외를 씻어 먹었습니다. 툇마루에 누워 있다 깜빡 풋잠이 들기도 했지요. 툇마루에 앉아봅니다. 아름드리 청송이 숨 막히도록 총총히 들어차 있었다는 안산案山이 보입니다. 당신이 '고향생각이란 곧 안산 생각뿐'이라고 했듯이 당신 그림에 나오는 산을 보면 저 산이 생각납니다. 달이나 새를 보아도 그렇지요. 안산 위에 떠오르는 보름달과 안산 하늘 위로 날아가는 새를 그렸을 것 같았습니다. 언덕보다 조금 더 큰 산, 당신이 오르내리기에 마치 알맞았다는 산, 서울은 어디메 쪽에 붙었을까 하고 바라보았다는 산입니다. 지금은 울창한 숲은 간데없고 소나무 몇 그루만 서 있습니다.

 지방기념물에서 국가지정문화재 중요민속자료로 지정되었다더니, 올 때마다 조금씩 단장되어 갑니다. 담도 새로 쌓았네요. 앞집 헐린 자리에 배롱나무와 동백이 심어졌습니다. 대문 앞에 있던 표지석도 나무 옆으로 옮겨져 있네요. 마당 한쪽에는 방문객에 비해 터무니없이 넓은 화장실을 지어 놓았군요. 당신이 일본 유학 갔다 와서 초가를 짓고 화실 삼았다는 곳이 저기쯤 아닐까 싶네요. 당신 어머니는 태몽으로 휘황찬란한 깃발들이 하늘에서 내려와 마당에 가득한 꿈을 꾸었다지요? 훗날 당신 그림들 색이 태몽하고 똑같았다구요.

 방문에 자물쇠가 채워져 있네요. 당신은 이 방에서 소설가 이상李箱의 부인이었던 변동림卞東琳에게 편지를 쓰지 않았을까요? 반생을 살고 30세에 인생과 예술을 재출발하려고 고민하고 있었겠지요. 키만 멀쑥하게 큰 시골뜨기였던 당신은 사람 마음을 울리는 다감한 글, 정이 넘쳐흐르는 편지로 한번 만나 본 그녀에게 일 년 넘게 편지를 보냈다지요. 오랫동안 편지를 보내면서도 조혼, 이혼, 딸 셋, 이런 곡절 때문에 그녀에게 직접적으로 다가가지 못하고 소극적일 수밖에 없었다구요. 변동림은 "제가 낳아야만 자식인가. 열이면 어때? 애들은 교육시키면 된다."고 믿고 친정식구들 만류에도 당신과 결혼하고 김향안金鄕岸이 되었습니다. 화가 아내로 30년을 산 그녀는 훗날 "지치지 않은 창작열을 가진 예술가의 동반자로 살 수 있었음은 행운이었다."라고 회상했습니다.

벽에 붙어 있는 전단지에 눈길 끄는 사진이 있습니다. 여자아이 셋이서 실뜨기 하는 사진입니다. 설명은 없지만 당신 세 딸이 아닌가 싶습니다. 당신은 딸들과 노모를 서울에 남겨 놓고 파리로 갔지요. 딸들에 대한 사랑과 그리움이 절절했으리라 싶습니다. 파리에 있던 중에 노모까지 돌아가셨으니까요. 그림을 서울 지인에게 보내면서 팔아서 모갯돈 만들어 딸에게 전달해 달라는 편지를 보내기도 했지요.

1963년 당신은 뉴욕으로 갔습니다. 10년만 있다 귀국하리라 생각했는데 1974년 뇌일혈로 세상을 떠났습니다. 그해 생일, 일기에 당신은 이렇게 적었습니다. "내 60년 생일인가. 어린 시절 섬에서 쑥떡 먹던 일이 생각난다. 다사로운 날씨." 비석 하나와 나무 두 그루만 있다는 당신의 무덤. 생전에 당신이 했다는 말 '나는 외롭지 않다. 별들과 함께 있기에'가 생각납니다. 이제 더욱 외롭지 않겠지요. 당신 영혼과 예술의 동반자 김향안과 함께 있기에요.

당신이 즐겨 그렸던 매화꽃 한 가지라도 있나 뒤란으로 가 봅니다. 한겨울인데 철 이른 개나리만 피어 있습니다. 누군가 예술가 생가 방문은 연애하고 있는 남자 부모 만나는 기분이라고 했지요. 아무도 없이 고즈넉한데 내내 들먹거린 마음은 그 때문이었을까요?

꽃을 밟고 나는 돌아가네

김포에 장릉章陵이 있다. 조선 인조 임금 부모를 모신 곳이다. 장릉 입구에서 '한하운 시인 유택'이라고 쓰인 표지판을 보았다. 가끔씩 왔는데 그때는 왜 보지 못했을까 의아해하면서 발길을 옮겼다. 묘지와 숲, 두 갈래 길이다. 당연히 묘지 쪽으로 가야 하는데 '저런 곳에 잠들어 있을 리 없지.'하는 생각에 숲길로 들어섰다.

숲 끝까지 가도 유택이 보이지 않는다. 허름한 공장들만 있다. 공장 담을 끼고 돌았더니 바로 앞이 공동묘지다. 전봇대에 매달려 있는 표시대로 계단을 올라 오른쪽으로 갔다. 유택번호 183번. '詩人韓何雲泰永之墓'. 시인 한하운이 여기 잠들어 있다니. 책 두 권이 상석 위에 놓여 있다. 누가 책 가져다 보여 드릴 생각을 했을까.

오래전 읽은 책이 생각났다. 집에 와서 헌책이 있는 베란다로 갔다. 책이 있다. '悲運의 詩人 韓何雲의 詩와 생애'라는 부제가 붙은 ≪가도 가도 황톳길≫이다. '가도 가도 붉은 황톳길/ 숨 막히는 더위뿐이더라', '벚꽃이 피고/ 벚꽃이 지네/ 함박눈인 양 날리네 깔리네// 꽃 속에/ 꽃길로/ 꽃을 밟고 나는 돌아가네'. 시 외우던 시절로 돌아가 누렇게 바랜 책을 펼쳤다. 젊은 시절과 마지막 공식석상에서의 모습, 묘와 묘비 사진이 있다. 이사 할 때마다 책 정리를 했는데 이렇게 만나려고 이 책을 버리지 않았을까.

시인은 함경남도 함주咸州에서 태어났다. 여덟 살 때 그의 부모는 아들을 공부시키기 위해 함흥咸興으로 이사를 하였다. 열세 살 되던 봄, 까닭도 없이 몸이 무겁고 얼굴이 부어올랐다. 아버지와 금강산으로 가서 온천과 약수로 치료를 하였다. 건강이 좋아져서 당시 수재들이 들어갈 수 있었던 이리농림학교에 입학하였다. 5학년 때 봄, 팔 다리에 심한 통증을 느껴 밤잠을 잘 수가 없었다. 온몸에 콩알 같은 결절이 생기더니 나중에는 터져서 흠집이 났다. 병원에 가서 진찰을 받았다. 의사는 조용한 방으로 불러 놓고 문둥병인데 소록도 가서 치료하면 낫는다고 하였다.

그 무렵 누이동생 친구인 R이라는 여성을 알게 되었다. 세상에 태어나 처음으로 느끼는 연정이었다. 장차 R을 어떻게 할 것인가 하는 고뇌 속에서 절망하기 시작했다. 다시 요양하기 위해 금강산으로 갔다. 금강산으로 찾아온 R에게 병에 대한 이야기를 하였다. R은 바닷가에 방 한 칸을 얻어 신부처럼 알뜰히 살림을 꾸리기도 하고 주사를 놓아주기도 하였다. R과 꿈에 취해 보낸 날들이었다.

그는 농림학교를 졸업하고 동경으로 유학을 떠났다. 이듬해 R도 동경으로 유학을 왔다. 그때부터 2년 남짓 R과 생의 가장 즐거웠던 때를 보냈다. 다시 중국 북경대학을 졸업하고 도청 축산과에 취직했다. 하지만 발병 때문에 집으로 돌아올 수밖에 없었다. 집에서는 가족과 R 외에는 아무도 모르게 다락방에 숨어서 지냈다. R은 홀로 남쪽으로 내려가 어렵게 약을 구해 왔다. 남쪽에서는 결혼한 부부들이 나환자촌에서 함께 살 수 있다고 그에게 도망가자고도 했다. 그는 R에게 시집 가라고 진심으로 권했지만 R의 결심에는 변화가 없었다.

그는 이름 한태영韓泰永이 왠지 싫어졌다. 종이에다 이름을 큼지막하게 써서 집 뒤 뜨락에서 장사를 지냈다. 그는 이름도 영혼도 육체도 없는 텅 빈 유령 같았다. 이제 여름 하늘의 한 쪽 구름, 하운夏雲이라 생각했다. 그런데 하운은 아름다운 환상을 말하는 것이라 여겨 누구의 기억에도 남길 수 없는 하운何雲이라고 부르는 것이 옳다고 생각했다.

해방 후 그의 동생은 북괴 전복 비밀결사를 조직했다가 거사 직전 발각된다. 그는 연좌 체포되어 원산형무소에 수감되는데 탈옥하여 월남한다. 이로써 R과는 영영 이별을 하고 만다. 그는 병마와 싸우면서 문전걸식 전국을 유랑한다. 그런 중에도 시작詩作에 몰두하는데 시를 씀으로써 비관하지 않고 행복했다. 그의 원고는 모두 만지기를 꺼려하여 원고지를 소독하고, 악수라도 하려고 손 내밀면 기겁했다. 또 모임에 참석하여 술대접하려 잔을 건네면 자리를 뜨는 사람도 있었다. 그는 인천 부평에 나환자 수용촌인 '성계원'을 설립하여 정착한 후, 57세 한 많은 생을 마칠 때까지 여러 구라求癩사업에 몰두하였다.

몇 년 전부터 시인을 재조명하는 일이 여기저기서 펼쳐지고 있다. 인천에서는 《한하운 전집》 출간과 시 낭송회를 개최하고 문학관 건립도 준비 중이다. 월남 후 나환자 정착촌에 입주하였던 수원에서는 시비를 건립하였다. 김포에서는 '한하운 문학축전'을 열고 유택을 애기봉으로 옮길 계획을 세우고 있다. 35년이 넘게 조용히 잠들어 있던 시인이 갑자기 분주하였을 것 같다.

봄날 다시 시인 유택에 갔다. 제비꽃 옆에 타다 남은 담배꽁초가 있다. 시인은 당신 찾아주는 이는 누구라도 반기고 기뻐했다는데 이렇게 와 주는 이들이 있으니 얼마나 좋을까. 공장 소음도, 이국 노동자들 언어도 시인에게는 세상 아름다운 소리로 들릴지 모른다. 온갖 설움에 평생 외롭고 힘들게 살았는데 이웃과 차별 없이 누워 있는 지금이 오히려 행복하지 않을까. 애기봉으로 가신다면 홀로 외로워지지나 않을지…. 무덤 사이에서 할머니가 나물을 뜯고 있다. 그 위로 하늘하늘 꽃잎이 날린다. 시인 홀로 두고 나는 다시 인환人寰의 거리로 꽃을 밟고 돌아선다.

* 제목은 한하운님의 시 <踏花歸>에서 가져 옴.

제목들의 향연

 물황태수라는 말이 있다. 술에 술탄 듯 물에 물탄 듯 부처님 근처에 있는 듯하지만 신통치 않은 사람을 말한다. 남편은 아주 오래된 농담처럼 나에게 한번씩 물황태수라고 한다. 남편은 신경 쓰지 않아도 될 살림 간섭을 가끔씩 하는데 오늘도 청소기 때문에 그 말을 들어야 했다. 청소기 브러시가 지저분해서 새것으로 사다가 바꾸라고 했는데 며칠이 지나도 그대로였다.
 듣기 좋은 꽃노래도 한두 번이다. 오늘 꽃잎 속의 가시처럼 그 말이 콱 가슴속으로 와서 박혔다. 우황청심환이라도 먹어야 진정이 될 것 같다. 촛불 밝힌 식탁에서 티타임의 모녀처럼 차라도 마시고 있었다든지 저물녘의 황홀 속에 **빠졌다**든지 꽃을 찾아서 어떤 나들이라도 갔다 온 뒤라면 웃으면서 넘어갈 수도 있었을까. 서로 성격을 지 알고 내 알고 하늘이 알건만 오늘은 어떤 야만이 꿈틀거렸는지 빈정이 확 상했다. 남편이 속으로 나의 웬수덩어리, 이러지나 않나 하는 얼척없는 생각까지 들었다. 집안도 마음도 온통 꿉꿉하게 만들어 버린 장맛비 탓인지도 모른다.

혼자 집 옆 공원에 나갔다. 남편은 추적자라는 드라마를 보고 있다. 내가 보기에는 어느 시시한 사내 이야기 같던데 요즘 한창 인기란다. 가는비 이슬비가 내려서 그런지 사람이 별로 없다. 비가 오기 시작하니까 목마른 계절이 언제였나 싶게 날마다 비가 온다. 삼 년 가뭄에는 살아도 석 달 장마에는 못 산다더니 그 말이 딱 맞다. 이제 비가 그만 오면 좋겠다.

어제 청소기 때문에 서비스센터에 가기는 갔다. 530W. 청소기 몸판 위에 J-1 비자 번호처럼 쓰여 있는 숫자를 적어가지고 집을 나섰다. 마침 비도 그치고 하늘이 빠끔 열려서 차를 타지 않고 걸었다. 공원은 꽃 지고 잎 피고 하더니 녹음이 우거져 싱그러웠다. 떡 맛있게 한다는 그 여자네 집 앞을 지나가는데 삼삼오오 서 있는 여자들이 있었다. 무슨 일인가 가까이 갔더니 놀랍게도 모두 담배를 피우고 있는 중이었다. 근처에서 근무하는 여인들인데 쉬는 시간에 나왔나 보다. 욕망의 응달 때문에 휘청거리는 오후를 달래고 있는지, 길고 재미없는 영화가 끝나갈 때처럼 지루한 표정으로 담배 연기를 후후 날리고 있었다. 공항에서 만난 사람들처럼 서로에게 아무도 관심을 보이지 않았다. 놀라 바라보는 내게 지금이 어느 시대인데 그대 아직도 꿈꾸고 있는가 묻는 듯하였다. 참을 수 없는 비밀을 간직한 듯 눈치 보면서 담배 피우던 때는 지났나 보다. 부끄러움을 가르칩니다, 이런 교양강좌는 어디 없나 부질없는 생각이 들었다.

칼 가는 아저씨가 리어카를 끌고 지나갔다. 카~알 갈아 칼. 군더더기 없는 깔끔한 말이 규칙적으로 흘러나온다. 테이프 틀어 놓고 세상에서 제일 무거운 틀니 해서 말 할 수 없다는 듯 아저씨는 입을 꾹 다물고 있다. 팔뚝 문신만이 아저씨 훈장처럼 도드라져 보인다. 아저씨는 헝겊에다 사주, 궁합, 작명, 택일 등의 글자를 써서 리어카에 주렁주렁 달아놓았다. 굿은 못하는지 재수굿 이런 것은 없다. 칼갈이와 역학, 카메라와 워커만큼이나 어울리지 않는 조합이지만 칼만 갈면 거저 사주 정도는 봐 줄 것 같아 칼 없는 것이 섭섭하다. 길거리에서 사주 볼 용기도 없지만 만약에 보았더라면 내가 놓친 화합이나 도둑 맞은 가난 같은 거, 마흔아홉 살 마른 꽃 같은 내 인생을 꿈과 같이 풀어 주었을까? 또 오복이 아니라 육복까지 타고 났다며 지금은 오만과 몽상에 사로잡혀 너무도 쓸쓸한 당신이지만 그래도 해피앤드로 끝날 거라 말해 주었을까?

길거리에서 해찰 부리다 서비스센터에 도착했다. 부품을 사러 왔다고 하니까 안내해 주었다. 지금은 어디나 친절한 복희 씨들이 있다. 닮은 방들 속에서 열심히 일하고 있는 젊은 기사들에게 상이라도 주고 싶다. 예서제서 지렁이 울음소리처럼 제품들을 시험하는 소리가 들렸다. 딸 부잣집 맏사위처럼 생긴 기사에게 530W, 적어온 메모지를 자신 있게 보여주었다. 맏사위는 간단 명료하게 이건 모델명이 아니라 흡입력을 나타내는 숫자라고 한다. 갑자기 머릿속이 무중 상태가 된다. 아직 황혼에 접어든 나이도 아닌데, 이러다 나의 가장 나종 지니인 것은 무엇이 될까 두렵다. 나는 왜 작은 일에만 분개하는가 싶기도 했지만 모델명을 잘 보이는 곳에 적어 놓아야 하는 거 아니냐고 물었다. 서글픈 순방에 아직 끝나지 않은 음모라도 있는 듯 주춤거리다 비슷한 걸로 주면 안 되느냐고 사정해 본다. 종류가 저렇게 많이 있다고 창고 쪽을 보여주는데 층층이 쌓여 있는 자재를 보니까 우길 수가 없어 조용히 물러났다.

오는 길에 서점에 들렀다. 그 곳이야말로 초대 받은 공간처럼 대범한 밥상을 차릴 수 있는 만만한 곳이다. 꼭두각시의 꿈을 꾸든 그 남자네 집을 미망하여 그리워하든 어느 이야기꾼의 수렁에 빠지든 다 허용이 된다. 로열박스에 박완서 선생 전집이 꽂혀있다. ≪엄마의 말뚝≫, ≪도시의 흉년≫, ≪해산바가지≫, 어쩌면 제목을 이리 잘 지었을까. 서점을 나와 석양을 등에 지고 그림자를 밟으며 가족 간 저녁의 해후가 기다리고 있는 집으로 왔다. 식사를 차려 "후남아, 밥 먹어라." 이르고 소설 제목들을 종이 한 장에 쭈욱 써 보았다.

오늘 갱년기의 기나긴 하루를 제목들을 들여다보면서 보냈다. 읽고 또 읽으면 저문 날의 삽화나 조그만 체험기라도 한 편 근사하게 써지지 않을까. 이런 내가 어찌 청소기 브러시 따위 생각할 수 있으랴. 또한 이런 아내의 나날을 나목처럼 뻣뻣한 남편이 어찌 이해할 수 있으랴.

후둑후둑 빗줄기가 굵어진다. 드라마 보다 소파에서 잠들었을 그의 외롭고 쓸쓸한 밤 속으로 어서 가라는 듯.

*본문 내용에 박완서 선생 책 제목을 가져 와서 썼음.

정미경을 그리다

 당신이 한눈에 들어옵니다. 민소매 원피스를 입고 살포시 웃고 있습니다. 건강해 보이고 여전히 예쁩니다. 계단 올라가면서 벽에 걸려 있는 사진을 보았습니다. '한중 작가회의' 단체 사진입니다. 당신이 떠나기 반년 전 날짜가 찍혀있습니다. 당신도 보았을 거라 생각하니까 무심히 둘러보던 문학관 곳곳이 특별해집니다.
 소설가 정미경. 당신을 좋아했습니다. 당신 소설은 다른 여성작가들과 확연하게 구별되었지요. 자본주의와 여러 계층 삶을 이야기했습니다. 화가이면서 글도 잘 쓰는 김병종 교수가 당신 남편인 줄은 나중에 알았지요. 〈화첩기행〉을 신문에 연재하고 있던 때였습니다. 남편과 세계여행을 다닌다 싶으니 부럽더군요. 소설에 외국이 많이 나오는 이유도 알았구요. 언젠가는 나도 소설 배경인 모로코도 가고 뭉크 보러 오슬로도 가리라 다짐했습니다. 실은 어려서 꿈이 소설가였습니다. 이미 꿈은 희미해졌지만 만만하게 보이는 소설이 있었거든요. 그런데 당신 글은 내가 닿을 수도, 넘볼 수도 없는 세계였습니다. 모든 걸 갖추고 소설까지 잘 쓰는 당신을 질투했습니다. 그러면서도 다음 소설을 기다렸지요.

남편과 스물한 살에 만나 연애를 했다지요. 그녀가 내 인생 속으로 들어오는 느낌이었다고 말한 남자. 200통이 넘는 편지를 주고받다 결혼 했구요. 남편이 교수로 화가로 유명해지는 동안 당신도 신춘문예에 당선되고 두 아들도 낳았지요.

신문에서 당신 타계 소식을 접했습니다. 믿기지 않았지요. 당신은 내가 강한 질투심에 사로잡히게 계속 잘 살아야하는데 환갑도 안 된 나이에 허망하게 떠나버렸습니다. 보름 전쯤 신문에서 당신 글을 읽었습니다. 연말 무렵이었죠. 이루지 못한 것에 대해 자책하지 말고 자신에게 선물을 준비하자 했습니다. 여행이든 한 아름의 책이든 며칠간의 게으름이든. 당신이 투병하면서 쓴 글인 줄 몰랐습니다. 암 치료를 거부하고 남편과 24시간 같이 있었다구요. 한 달간 남편과 보낸 시간을 계산해서 여든까지 살았다고 좋아했다는 당신. 친정어머니 투병 과정을 보면서 당신은 며칠 아프다 떠나고 싶다고 평소에 이야기 했다지요. 당신 소설에 이런 말이 있습니다. 평생 조용한 삶을 산 사람들은 죽음 앞에서도 조용하고 떠들썩하게 살아온 사람들은 죽음 앞에서조차 여전히 소란하다구요. 당신은 내가 흉내도 못 낼 정도로 죽음까지 품위 있게 마무리 해버렸습니다.

당신이 홀연히 떠난 지 일 년이 지났습니다. 일주기에 맞추어 유고소설 두 권이 출간되었습니다. 당신의 화려한 문체를 다시 읽을 수 있다니 반가웠지요. 남편이 발문을 썼더이다. 평생 문학 동지이자 연인이었고 누이였으며 어머니였고 아내였답니다. 독자들에게 제대로 인정받지 못하고 상복도 없었다고 안타까워합니다. 눈물겹고 절절합니다. 동료작가들 추모 산문도 실렸습니다. 당신은 사진으로 보면 도회적이고 깐깐해 보입니다. 그래서 남편 잘 만나 여행 다니고 글만 쓰고 사는 줄 알았습니다. 살림도 잘하고 집안 대소사도 완벽했다고 입을 모아 칭찬하네요.

≪당신의 아주 먼 섬≫은 당신 작업실에서 남편이 찾아낸 원고라지요. 다시 다듬기 위해 던져놓았던 민낯 그대로 출간되었구요. 신안을 배경으로 영화나 문학작품을 만들고 싶어 했던 군수가 부탁해서 쓴 소설이더군요. 지원을 아끼지 않았던 군수가 바뀌면서 소설 출간이 늦어지고 원고가 묵혀있었던가 봅니다. 남편은 '그녀의 몸을 삭아내리게 했던 소설, 내게서 그녀를 데려가 버린 도화선이 되었던 미운 소설'이라고 말합니다. 이 소설 쓸 무렵부터 당신 몸이 급격히 무너져 내렸다구요.

우연일까요. 내 고향이 신안입니다. 신안은 섬이 1004개나 있다고 천사의 섬이라고도 하지요. 그동안 당신 소설 배경이 세계 곳곳이었는데 마지막 소설은 남도의 작은 섬입니다. 소설에서 버려진 소금창고를 도서관과 카페로 개조합니다. 깜짝 놀랐습니다. 내가 나중에 고향에 가서 하고 싶은 일이거든요. 친정 오빠가 염전을 하는데 새로 소금창고를 지었습니다. 낡은 소금창고는 헐지 말고 저에게 주라고 했거든요. 북카페를 하겠다구요. 소설에서처럼 음악회 할 정도로 똑똑한 친구들은 없지만요.

당신은 소설에서 신안을 종합선물세트처럼 보여줍니다. 고향이 눈에 선하게 다가왔습니다. 갯벌생물인 갯강구와 갯지렁이, 칠게, 염생식물인 퉁퉁마디, 칠면초, 나문재도 등장합니다. 남도에 많은 무화과와 비파나무, 지천으로 널려있던 세발나물도 나옵니다. 화가 김환기, 자산어보와 표해시말, 해저유물도 언급합니다. 횃불 들고 낙지 잡는 일이나 초상났을 때 끓이는 갈파래국까지 이야기합니다.

부족한 부분도 있습니다. 내용이 앞뒤가 안 맞는 곳도 있고 사투리도 어색합니다. 김치에 산초 넣고, 방아 향 나는 장어탕도 신안 식은 아닙니다. 당신 남편도 출렁인 곳이 많다고 했더이다. 청탁 받고 처음 신안에 가 보았다는 당신이 이만큼 그려내기도 쉽지 않았을 테지요. 퇴고 했다면 완벽한 글이 되었을 거구요. 초고 읽는 기쁨도 있었습니다. 화려하게 잘 차려입은 모습만 보다 수수하게 입고 동네 산책하는 모습 본 것 같았으니까요.

이 소설은 당신이 내게 주고 간 선물 같은 생각이 듭니다. 당신 향한 지극한 남편 사랑에 당신 죽음도 이제 더 이상 애달파하지 않으렵니다. 당신 남편도 이제 홀로 된 고통에서 차츰 벗어나 붓을 들려고 한답니다.

작가가 아니었다면 댄서가 되고 싶었다는 당신. 하늘나라에서 마음껏 춤추소서.

보진주

 베란다 바닥에 빨래판 모양 타일 한 장이 붙어 있다. 손빨래 할 때 요긴하다. 이런 생각을 한 사람이 누구였을까 궁금하다. 옛 물건 파는 곳에서 빨랫방망이를 구했다. 어느 시골 빈집에서 왔을 모지랑이 방망이에게 '오란의 방망이'란 이름을 붙여주었다.

 펄벅(Pearl S. Buck) ≪대지≫를 읽었다. 순전히 빨랫방망이 때문이었다. 앞뒤 내용은 생각나지 않고 오란이 빨래터에서 방망이를 두드리던 장면만 기억에 남았다. 다시 읽어보니까, 왕룽은 흉년으로 모든 걸 잃고 가족을 데리고 남쪽지방으로 피난 간다. 거기서 혼란기에 사람들이 부잣집을 습격하는데 오란이 그 집에서 보석을 훔쳐 고향으로 돌아온다. 그 보석으로 왕룽은 땅을 사들여 대지주가 된다. 오란은 진주 한 알만은 자신이 갖고 싶어 가슴속에 간직한다. 왕룽은 그것마저 첩에게 주려고 빨래터까지 와서 빼앗아간다. 오란은 진주를 내어주고도 한마디 말도 못하고 방망이만 두드린다.

내친김에 펄벅 소설들을 읽다가 ≪펄벅을 좋아하나요?≫를 알게 되었다. 이 책은 미국에 사는 중국작가 안치 민이 펄벅 일대기를 가상의 친구를 내세워 쓴 소설이다. 행복하지 않았던 결혼생활과 지체장애로 태어난 딸, 고향이나 다름없는 중국을 사랑하는 마음, 그런 중국으로부터 말년에 입국을 거절당한 일, 물푸레나무 아래에 영원히 잠들고 묘지명을 중국이름 '보진주寶珍珠'라고 쓴 이야기까지 가슴에 와 닿았다.

부천에 펄벅기념관이 있다. 2006년 개관하였을 때 갔다. 표지판이 있는 길을 지날 때마다 다시 가보려 했지만 특별히 갈일이 없어 미루다 찾아 나섰다. 집에서 걸어가기는 먼 거리지만 펄벅 여사가 걸어갔던 길이려니 생각하고 걸었다.

펄벅기념관은 아담하다. 소사희망원 자리에 2층 건물로 세워졌다. 주위는 아파트와 빌라로 꽉 들어찼지만 앞산은 옛날 사진 속 모습 그대로다. 펄벅은 한국을 소재로 한 소설을 쓰기 위하여 취재하러 왔다가 전쟁고아와 혼혈아를 보고 펄벅재단을 설립한다. 소사희망원은 1967년 유한양행으로부터 땅을 기증받아 이곳에 세워졌다. 본관 3층 건물과 남녀 기숙사 동, 직원 사무실 등 꽤 큰 규모였다. 훗날 펄벅은 수백 명 아이들과 함께한 개원식을 "내 인생에서 가장 행복한 날이었다."고 술회

했다. 이곳에서는 혼혈아와 어머니들에게 직업교육을 시켰다. 교육과 편물, 미용, 양재 등을 가르쳐 그들의 재활과 사회 복귀에 도움을 주었다. 1975년까지 이천여 명 고아와 혼혈아들이 여기서 살았다.

펄벅은 미국에서 태어났지만 생후 3개월 만에 선교사인 아버지를 따라 중국으로 간다. 이후 대학만 미국에서 다니고 40여 년 간을 중국에서 생활하게 된다. 펄벅은 이러한 자신을 스스로 정신적 혼혈아라고 불렀다. 첫 남편과의 사이에서 태어난 딸은 정박아였다. 딸에 대한 연민과 사랑으로 글을 쓰다 딸 돌보기 위한 비용을 마련하기 위해 소설을 쓰기 시작한다. 펄벅이 혼혈고아사업을 헌신적으로 하였던 이유도 이런 사연과 무관하지 않았을 것이다. 펄벅은 7명의 아이를 입양하여 딸과 함께 키웠다.

기념관에는 펄벅 유물이 전시되어 있다. 찻잔과 식탁, 타자기, 머리핀 등과 평소 즐겨 입었다는 옷도 있다. 우리나라를 배경으로 쓴 소설 ≪살아있는 갈대≫를 집필할 때 사용하였다는 책상도 있는데 이 책 서문에서 펄벅은 '한국은 고상한 사람들이 사는 보석 같은 나라'라고 했다. 전시장 가운데 산수화 족자가 걸려 있다. 희망원 아이들 천삼십 명이 뒷면에 이름을 적어 펄벅 80회 생일 선물로 보낸 족자다. 외국 이름도 많다. 이 아이들은 지금 어디에서 뿌리를 내리고 살아가고 있을까. 2층으로 올라가 보았다. 뾰족지붕 아래 다락방에서 직원들이 펄벅문학상 시상식 준비하느라 바쁘다. 펄벅 책들이 책꽂이에 빼곡히 꽂혀 있다. 누구나 와서 편하게 책을 보기도 하고 여러 프로그램에 참여할 수도 있단다. 해마다 펄벅문학상과 그림그리기 대회를 열고 펄벅축제도 펼친단다.

혼혈아들 손 잡고 소사희망원을 향해 힘차게 걷고 있는 펄벅 사진을 본다. 지금은 혼혈인 가족을 다문화가족이라 한다. 우리나라도 다문화가족이 늘어나고 있다. 펄벅은 오백 년 내지 천 년 후에는 인구 모두가 혼혈인이 될 것이라 했다. 40여 년 전 이 땅에 다문화가족을 위해 씨앗을 뿌리고 애정을 쏟았던 펄벅. 다문화인의 자애로운 어머니였던 펄벅 사랑이 헛되지 않고 퍼져나가기를 빌어본다.

취비강 건너 간 시인

"이 사람 나 알아. 얘기도 많이 했는데."

책날개 사진을 보더니 친구가 반색하며 다가앉는다. 동창회에 가면서 들고 간 시집이다. 의외였다. 한강둔치에서 향우회할 때 만났단다. 자신은 어려서 고향을 떠났지만 혹시 아는 사람이 있으려나 싶어서 왔다고 했단다. 같은 연배인 친구 작은아버지를 기억하더란다. 한 번 봤는데 어떻게 알아보느냐고 했더니 친구는 "잘 생겼잖여. 근데 시인인 줄은 몰랐네." 하며 웃었다.

나는 시인을 신문에서 만났다. 2010년 3월이었다. 최하림崔夏林 시인은 무릎담요를 덮고 아내와 서재에 앉아 있었다. 암투병 중에 전집을 출간하고 제자들과 출판기념회를 했다는 기사였다. 대충 보고 넘기려는데 '신안'이라는 단어가 눈에 확 들어왔다. 신안군 안좌면 원산리에서 태어났단다. 약력마다 목포 출생이라고 나왔었는데. 지금은 안좌면이 아닌 팔금면이라고 해야 맞지만 그래도 반가웠다.

기사를 다시 꼼꼼히 읽었다. 시에 나오는 '취비강'이 어느 나라에 있는 강이냐는 질문에 "신안에 가면 밀물 때면 바닷물에 잠기고 썰물이 되면 걸어서 섬까지 가는 길이 있다. 그걸 취비강이라고 부른다."고 했다. 처음 들어보는 단어였다. 우리 섬도 그런 곳이 있다. 납작한 돌로 징검다리를 놓아 썰물 때 건너다니는데 '노두'라고 했다. 시인을 알아 본 친구도 거기 살았다. 그 친구들은 지각해도 "물 안 나가서 늦었어요."하면 되고, 공부하다가도 "물 들어올 때예요."하면 무조건 보내주었다. 시인은 41년 함께 살아 온 아내와 봄이 빨리 와서 꽃 피는 나무 아래 같이 있고 싶다고 했지만 그해 4월 타계하셨다.

시인 책을 찾아 읽었다. 산문집에는 고향 소지명이 나오기도 하고 보리밭에 누워 바라보았던 아늑한 바다 풍경이 그려져 있다. 초등학교 5학년 때 아버지가 돌아가셨다. 그 뒤 목포로 나와 신문배달하면서 학교에 다녔다. 고등학교에 진학했지만 등록금을 못 내 교실 대신 부둣가를 헤매야 했다. 돌아다니다 보면 목선木船들이 줄줄이 늘어서 있었다. 이 배 저 배 타고 다니면 문학이 저절로 떠올랐다. 김현·김승옥·김치수와 '산문시대散文時代'동인을 만들어 활동하다 1964년 조선일보 신춘문예에 〈빈약한 올페의 회상〉이 당선되었다. 이 무렵부터 본

명 '호남虎男' 대신, 부르기 쉽고 쓰기도 좋은 '하림夏林'이라는 필명을 썼다.

시인 고향 마을을 찾아갔다. 바닷가지만 백여 호가 넘는 큰 동네다. 아담한 돌담을 지나 밭으로 변해버린 시인 집터 앞에 섰다. 밭에는 한겨울 짠바람 속에서도 마늘이 푸르게 자라고 있다. 시인이 '우리 집에는 가난과 누추가 깊은 산 청태처럼 덕지덕지 끼어 있었지만 어머니 품속처럼 아늑했다'고 술회한 곳이다. 마침 시인과 깨복쟁이 친구였다는 노인을 만났다. 시인 아버지가 돌아가셨을 때 철없이 들에서 뛰놀다 어른들 꾸지람을 들었단다. 시인이 '봄처녀' 노래를 가르쳐주었는데 아직도 생생하게 기억이 난단다. 아마 그때부터 시인 기질이 있었던 거 같다고 웃으셨다.

목포로 나와 부둣가를 가보았다. 시인이 학교 가지 못한 날 돌아다녔다는 곳이다. 생선 공장은 창고극장으로 바뀌고 카페들이 줄지어 들어섰다. 바닷가는 둘레길 만드느라 부산한데 유달산 기슭 마을은 옛 모습 그대로 초라하게 엎디어 있다.

친구들에게 시집을 보여주었다. 고향분이라고 하니까 다들 좋아한다. 친구들은 혹시 부모님께 물어보면 아는 분이 있을지도 모르겠단다. 친구들과 '취비강'과 '노두'가 나오는 시를 읽었다.

하늬바람 불고 눈보라 치는 밤 그이는 하마
취비강을 건너갔을까 보내는 이들이 밤을
설치며 그리는 그 얼굴 그 눈동자가
가슴에 불붙어 타오르는데
그이는 수많은 노두를 건너서 바람과 눈보라를
헤치고 무사히 자유에 발 디뎠을까

- 설야雪夜- 일부

 암 판정을 받고도 '칠십까지 살면 됐다.'고 생각했다는 시인. 이제 시인은 취비강을 건너 친구 김현도 만나고, 신춘문예가 뭔지 시가 뭔지도 몰랐다는 어머니도 만났으리라.

누가 봐도 부천사위 이기호

 제목에 떡하니 이름을 넣어버렸네. 소설 주인공으로 이기호를 쓰기도 하는 자네를 따라 해 봤네. 자네는 매번 다 쓴 다음에야 겨우, 정말이지 겨우, 제목을 정하곤 한다지. 하지만 나는 자네에 대해 글을 써야지 할 때부터 이미 제목을 생각하고 있었다네. 자네가 '누가 봐도 연애소설'로 ㅇㅇ일보까지 접수한 뒤로는 '누가 봐도 부천사위 이기호'로 낙찰을 본 거고.

 자네라는 호칭이 불편한가. 소설가로 한창 이름을 날리고 있는데 장모가 문우라는 이유로 내 사위라도 되는 것처럼 자네라니. 그래도 할 수 없네. 자네는 부천에 살고 있는 모든 이의 사위라 해도 과언이 아니니. 그건 자네가 그리 만든 것이네. 자네 글에 부천이 좀 많이 나와야지. 춘의동 중동 심곡동. 연애할 때부터 부천을 드나들었다니 익숙할 만도 하지. 부천 시민

입장에서 고맙기도 하고 명예시민증이라도 주고 싶네.

첫 소설집 ≪최순덕 성령충만기≫(이때부터 이미 자네는 제목에 사람 이름을 넣었네그려)가 생각나네. 기발한 상상력에 소설을 이렇게 써도 되나 싶었지. 성경처럼 쓴 표제작은 내용을 떠나 실험성에 무릎을 쳤다네. 앞으로 좋아할 거 같은 예감이 확 들었지. 이년 만에 ≪갈팡질팡하다가 내 이럴 줄 알았지≫라는 두 번째 책이 나왔네. 남의 묘비명 슬쩍한 제목부터 알아봤네만은 엽기 발랄한 이야기는 여전했지. 무룡태, 지질컹이들을 주인공으로 내세워 웃게 만들다가 갑자기 웃음 뚝, 코끝 찡으로 만들어버렸지. 작가의 말에 '이제 곧 인류평화를 위해 장가를 갑니다.'라고 능청스럽게 결혼 발표까지 했더군.

그즈음 문우 딸 결혼 소식을 들었네. 신랑 이름 보고 의아했네. 교양 있는 내가 신랑 직업을 물어볼 수도 없고 긴가민가했지. '나를 위해 매일 기도해주는 연인'이 문우 딸이었다니. 딸이 문예창작과 다닌다니까 엄마 닮았나보다 했지 신예 작가와 연애 하는 줄은 몰랐네. 그때까지 문우는 신춘문예에 시를 투고할 정도로 열혈 문청이었지. 소설 쓰는 남자, 여덟 살이나 많은 남자와 딸이 결혼한다 해도 환대해 준 이유지. 나중에 들었지만 문우 친정아버지가 둘이 천생연분이니 잘 살 거라고 하셨다더군. 그 말씀대로 지금도 자네 부부는 눈맞춤하면서 달달한 대화를 나누면서 산다더군.

벌써 등단 20년이 되었다지. 자네는 내 기대를 저버리지 않앉네. 계속해서 소설이면 소설, 콩트면 콩트 쓰는 대로 날개를 달고 날더군. 광주에 있는 대학으로 내려갈 때는 다작多作을 하리라 마음먹었는데 다산多産만 해서 세 아이의 아빠가 되었다고. 문우는 딸이 아이들 치다꺼리하느라 고생한다면서도 사위 말만 나오면 표정이 활짝 피면서 "우리 기호, 우리 기호" 한다네. 그럴 때면 이번 생에 사위를 볼 수 없는 나는 한없이 부러울 수밖에. 신문에 자네 기사가 나오면 내 사위라도 되는 양 득달같이 문우에게 알려준다네. 문우는 사위한테 들어서 이미 알고 있다고 대수롭지 않게 거드름까지 보이면서 응대한다네. 가족과 독자 차이를 확실하게 느끼게 해주는 순간이지.

책 나온다는 말은 해도 장모 이야기 썼다고는 안하는가 봐. 가족소설에 특히 많이 나오는데. 그 중 미역국 이야기가 압권이지. 장모가 요리는 젬병이라고 전국적으로 소문냈다고 했더니 모르던데. 된장찌개는 잘 끓인다고 하면서 안사돈이 요리를 잘해서 사위 입맛 맞추기가 힘들대. 나보고 아들 입맛 높여놓으면 안된다고 충고까지 아끼지 않더군. 자네는 장모가 살림 솜씨 없는 것은 꽃집 하느라 시간이 없어서 그런 거라고 감쌌네. 그걸 보면서 자네 됨됨이를 짐작할 수 있었네.

작년 이맘때쯤이었나. 자네가 ㅇㅇ문학상을 받았지. 시상식 날 장모에게 밥 사드리고 싶은 분 모시라고 했다지. 나는 자칭 이기호 팬이니 당연히 갈 수밖에. 자네 장모는 꽃다발을 들고 왔더군. 동양꽃꽂이 사범답게 꽃시장에서 바로 만들었다는 데도 돋보였지. 나는 자네와 멋들어진 꽃다발을 받쳐 들고 사진을 찍었네. 자네 아내가 옆에 있는데 둘이 찍고 싶다고 했지. 수상소감 중에 "작가 생활하면서 부패하지 않게 만들어 준 사람, 저를 늘 선善의 상상력 안에 머물게 해준 사람."이라고 치켜세운 아내를 밀쳐내고 말일세. 당황하는 자네 아내에게 독자라고 당당하게 말했네. 작가에게는 독자가 왕 아닌가. 자네 아내 얼굴도 예쁘고 자태도 곱더군. 딸 시집 잘 갔다하면 우리 기호가 장가 잘 온 거라고 우기는 문우 말, 그날 인정해버렸다네. 예약해 놓은 식당으로 갔지. 자네는 서울 한복판에서 문학회 정예 부대가 헤맬까 봐 친절하게 식당까지 안내 해주었네. 밥 먹기 전, 이런 자리 자주 생기기를 손 모아 진심으로 기도했네.

고향 가는 길에 자네 집필실 근방을 지날 때가 있네. 허름한 아파트들이 보이면 저기 어디쯤에서 자네가 한국문학 발전을 위해 분투노력하고 있을 것 같아 반갑다네. 자네가 아이들과 마음먹고 여행 한번 못했다고 하더군. 놀이동산에서 찍은 가족사진 한 장 없다고. 그렇게 열심히 쓰고 또 썼으니까 오늘의 자네가 있긴 하네만, 자식은 금방 커버리더군. '세 살 버릇 여름까지 간다'고 했던 아이가 벌써 중학생이 된다지. 이제는 아이들과 추억도 많이 만들고 건강도 생각하면서 쓰면 좋겠다고 진짜 장모 같은 생각을 한다니까. 참견에 주책, 그만 거두고 한마디만 하고 끝내려네.

소설가 이기호, 부천사위 이기호, 앞날에 무궁한 영광 있으라.

이제 자유롭게 사랑하소서

아침 신문을 뒤적이다 깜짝 놀랐다. '마광수, 하늘나라 장미여관으로'. 스스로 목숨을 끊었다니 더욱 놀라웠다. 아, 한때 좋아했었는데…. 이청준, 박완서, 이윤기, 최인호. 몇 년 사이 좋아하는 작가들이 많이 떠났다. 안타까운 분도 있지만 아쉽다 싶을 때 잘 가셨구나 하는 분도 있다. 죽음에 적당한 때가 있으랴만 마광수 교수는 아직 떠나기는 때가 이르다.

에세이집 ≪나는 야한 여자가 좋다≫가 책장에 있다. 직접 그렸다는 알록달록 긴 손톱이 표지 그림이다. 책을 펴자 깨알같은 글자들이 꼬물거린다. 삼십여 년 전 책인데 그때는 결혼해서 이미 알 거 다 안 뒤여서 그랬을까. 제목만큼 내용은 야하지 않았던 거 같다. '오감도'나 '진달래꽃', '봄은 고양이로다' 등의 시를 성과 연관시켜 해석했던 기억이 난다.

마광수 교수를 좋아했던 이유는 다른 데 있었다. 나는 예나 지금이나 생김새가 너부데데하다. 연애하면 나와 반대인 삐쩍 마르고 날카로운 남자와 하고 싶었다. 그런 남자는 지적 소양도 꽉 차 있을 것 같았다. 영어단어 샤프(sharp)도 좋고 샤프한 남자가 이상형이라고 떠벌리며 다녔다. 샤프를 얼마나 입에 달고 살았는지 유치원 다니던 조카는 샤프가 사람이름인 줄 알았단다.

몇몇 남자를 만났지만 길게 이어지지 않았다. 젊은 남자들은 동글납작한 여자는 취향이 아닌 듯했다. 현실에서 만나지 못한 남자를 소설에서 찾으려 들었다. 소설 속 남자를 만나면서 눈만 높아졌다. 좀처럼 현실과 이상의 간극을 극복하지 못했다. 남자에게 제대로 손목 한번 내주지 못하고 이상형과 거리가 먼 남자와 간신히 결혼했다. 노처녀 문턱이었으니 이것저것 가릴 계재가 아니었다.

결혼하자마자 야한 여자가 좋다고 외치면서 나타난 남자가 있었다. 바로 마광수 교수였다. 내가 그렇게 찾던 샤프의 대명사 같은 남자였다. 결혼은 물릴 수 없고 한풀이하듯 빨강 매니큐어만 발라댔다.

시나브로 잊혀져갈 무렵 마광수 교수를 만났다. 십여 년 전 우리 문학회에서 매달 작가 초청하는 프로그램이 있었는데 초대작가로 왔다. 주로 글공부하는 사람들이 오는데 그날은 문학에 관심 없는 사람들까지 와서 강의실이 꽉 찼다. 내가 좋아했던 삼십대에서 한참 지났지만 가느다란 목을 학처럼 길게 빼고 서있는 그는 여전히 샤프했다.

강연 주제는 〈문학과 카타르시스〉였다. 소설이 외설스럽다고 감옥에 보내는 짓은 조선시대에도 없었던 일이라고 항변했지만 평생 강단에 선 교수답게 조곤조곤 이야기를 잘 풀어 나갔다. 문학을 돈 버는 수단으로 생각하는 사람도 많지만 문학 그 자체 추구 대상은 쾌락이다. 즉 문학을 통하여 카타르시스를 느낄 수 있어야 한다. 우리나라도 GNP 1만불 시대가 되면 먹는 문제를 떠나 쾌락 위주 성 문화가 눈뜨게 될 것이라 예견하고 선구자 역할을 자처했다. 지금은 성을 쓰레기통에 담아 놓고 안 보려 하지만 뚜껑 열어 햇볕을 쪼여 주어야만 기생하는 잡충을 죽일 수 있다.

솔직하고 유쾌한 강연이었다. 뭔가 흥미 있는 이야깃거리를 들으러 왔던 사람들은 실망했을까. 아니 어떤 이야기를 들어도 충격 받지 않았을 것이다. 이미 우리 모두 '즐거운 사라'는 아무 것도 아닌 세상에 살고 있었으니까.

오년 전 아파트 상가에 카페 같은 빵집이 생겼다. 강남은 작은 빵집이 대세라고 하던 때였다. 식빵 가격이 배나 비쌌다. 버틸 수 있을까 걱정했는데 일 년을 못 채우고 치킨 가게로 바뀌었다. 우리 동네는 목 좋은 곳곳에 대기업 빵집이 성업 중이었다. 올해 다시 조그만 빵집이 문을 열었다. 유기농 무방

부제라는 현수막이 걸렸다. 오지랖 넓은 나는 들고나며 기웃거리는데 문전성시는 아니어도 잘된다. 나도 어느새 단골이 되었다. 강남에서 우리 동네까지 유행이 흘러오는데 5,6년이 걸린 셈이다.

마광수 교수도 우리 동네 빵집처럼 앞서갔다. 반 발짝만 앞서야 세상을 바꾼다는데 그는 열 발짝 정도 뜀뛰기 해버렸다. 대가는 혹독했다. 높이 올라가려는 그를 모두가 달려들어 끌어내렸다. 20대 교수가 된 천재성은 묻히고 음란물 작가로만 관심이 집중되었다. 어머니와 살다가 작년에 어머니마저 세상을 떠났다 한다. 처음 부음 접하고는 아직 때가 이르다 싶었는데, 생활고에 병고까지 겪었다니 스스로 택한 죽음에 마광수 교수답다는 불경스러운 말씀을 올리고 싶다.

유별나게 가을을 좋아했다는 마광수 교수님. 가을이 깊어가고 있습니다. 영면하소서.

가깝고 아름다운 원미동

 퇴직 앞둔 교수님이 연구실 정리하면서 책을 몇 권 주셨다. 그중에 양귀자 연작소설집 ≪원미동 사람들≫이 있었다. 표지에 소설 속 가게와 주인공들 집이 그려진 1987년에 나온 초판이었다.
 부천 원미구청 옆에 있는 원미동 사람들 거리에 갔다. 분수대 주위로 소설 내용을 한 문단씩 새겨 놓았다. 강노인과 몽달씨, 김반장 조각도 있다. 주택들 너머로 보였다는 공장지대는 벌써 사라졌고, 공터로 남아있는 땅도 없으리라 생각은 했지만 소설 무대가 어디쯤인지 알 수가 없다. 슈퍼 앞에 초등학생 댓 명이 모여 있다. 아이들에게 물어보려고 가까이 갔더니 전봇대에 '원미동 사람들의 거리' 표지판이 붙어 있다. 가로등 높이에 있는데 못보고 주위를 빙빙 돌았다. ≪원미동 사람들≫

아냐니까 한 아이가 "알아요, 저 아래 술집인데요." 한다.

건너편을 보니까 그림이 그려졌다. 작가가 장터 객주집 국자 모양으로 비유한 원미동 23통. 강노인 밭, 무궁화연립, 형제슈퍼, 맞은편으로 원미지물포, 행복사진관, 써니전자, 강남부동산…. 은혜미용실이 있다. 〈멀고 아름다운 동네〉는 은혜네 이야기다. 은혜네가 서울에서 밀려나 트럭 뒤에 앉아 찬바람 맞으면서 이곳으로 이사 오는 장면으로 시작된다. 반가움에 미용실로 들어갔다. 미용사는 소설은 모르지만 소설가가 윗집에서 살았다는 말은 들었단다. 무궁화연립 2층이 은혜네 집인데…. 잘못 알고 있겠지 싶었다.

옆집에서 할머니 고성이 들린다. "조선팔도 다 댕기면서 불어봐, 누구 잘못인가." 상대 할머니도 지지 않고 목소리를 높인다. "그럼 내 잘못이란 말이요? 살다 살다 별소릴 다 듣네." 무슨 일인가 귀를 세우는데 아무 일 없던 것처럼 목소리가 잦아든다. 소설에서 무궁화연립은 3층인데 앞에 있는 현대연립은 2층이다. 어떻게 된 걸까 생각하고 있는데 다시 할머니들 목소리가 커진다. 큰소리 냈다가 소곤거렸다가 종잡을 수가 없다. 두 노인네 일상이 소설 속 한 장면을 재연하고 있는 듯하다.

김반장네 슈퍼 자리는 부동산 간판이 걸려 있다. 담 옆으로 플라스틱 화분이 즐비하다. 지금은 시르죽은 화초들이지만 한때는 볼품 있어 사람들 손을 탔나 보다. 감시카메라 있으니

눈으로만 보라는 경고문이 유리창에 붙어있다. 용기내서 문을 밀고 들어갔다. 한눈에 고객이 아님을 아는지 사장은 의자에 등 기댄 채로 쳐다본다. 소설 이야기를 꺼냈더니 그럴 줄 알았다는 듯 아는 것 없다고 고개를 돌린다. 옆에 연립이 원래 3층 아니었냐고 물어보아도 모른단다. 귀찮다는 표정을 얼굴 가득 담는다.

부동산을 나와 무궁화마을 아파트 앞으로 갔다. 화단 귀퉁이에 '소설 ≪원미동 사람들≫ 언저리'라는 깜찍한 표지판이 있다. 무궁화연립이 있던 자리였다. 아파트로 재건축되었다는 내용과 작가가 소설에서 2층이었던 무궁화연립을 3층으로 바꾸어 형제슈퍼 옆으로 옮겨놓았다고 적혀있다. 몇 번이나 와서 보아도 풀리지 않던 소설 속 무대가 이제야 제대로 맞추어졌다. 소설임을 망각하고 실재인 양 찾아다녔던 내 잘못이다. 살짝 동네 모습을 비틀어 놓은 작가 의중이 궁금하기도 하고 재미있기도 하다.

아파트 앞 세탁소로 들어갔다. 조심스럽게 여기서 오래 살았냐고 물어보았다. 옷 수선을 하고 있는 아주머니가 토박이란다. 청하지도 않는데 의자를 끌어다 넉살좋게 앉았다. 소설에 대해 아느냐고 물었더니 재봉틀에 얼굴 숙이고 있던 아주머니가 갑자기 고개를 번쩍 든다. "뭐하는 사람인데 그런 건 물어요?" 도끼눈을 뜬다. 아주머니는 작가에 대해서 불만이 많았다. ≪원미동 사람들≫이 드라마로 방영되다가 주민들 항의로

중단되었다고 한다. 그 당시 원미동은 부천 중심이었고 공장도 많아 어느 가게나 장사가 잘 되었단다. 토박이들은 ≪원미동 사람들≫ 좋아하지도 않고 원미동을 달동네로 만들어버린 작가를 만날 수만 있다면 묻고 싶은 것이 많단다. 그리고 원래 작가는 무궁화연립에서 살지 않고 은혜미용실 쪽에서 살았다고 한다. 나오려는데 한층 누그러진 목소리로 원미동에 대해서 뭘 쓰려면 잘 써 달라고 부탁했다. 토박이만의 자긍심과 애정이 느껴졌다.

원미동 사람들 거리로 다시 나왔다. 삽 들고 있는 강노인은 목숨처럼 아끼던 마지막 땅에 콘크리트 건물이 올라가는 걸 보았을까. 원미동이 뉴타운지역으로 지정되었다가 결국 무산되었는데 어떤 생각을 하였을까. 형제슈퍼 김반장은 라면 박스를 들고 있다. 억척스럽게 때로는 비정하게 살아가는 김반장에게도 그렇게 살아야만 했던 이유가 있었을 것이다. 지금 골목까지 들어온 대형마트와 동네슈퍼 갈등을 보면서 김포슈퍼와 싸우던 때를 생각했을까. 책 보고 있는 몽달씨 발밑에 꽁초가 흩어져 있다. 늘 시를 중얼거리면서 시인을 꿈꾸던 몽달씨였는데 사람들은 담배 피우면서 어떤 꿈을 꾸는 걸까.

작가는 지역축제나 문학행사에 초청했지만 오지 않았다. 혹시 작가가 원미동 사람들 원성을 알고 있어서 그런 것일까. 그렇더라도 작가와 원미동을 사랑하는 사람들이 함께 만나서

풀어야하지 않을까. 원미동이 학생들이 숙제나 하러 오는 곳이 아닌 문학 명소로 거듭 태어났으면 하는 바람이다. 그렇게 된다면 원미동遠美洞이 멀고 아름다운 동네가 아닌 진정 가깝고 아름다운 동네가 되지 않을까.

3부

속담으로 쓴 자서전
자음 여행
동명이인들의 하루
어슬렁 청계천
품사처럼
맹랑 설화
카페 만화경
요리책 소고
우리 동네 슈퍼
서재야 고맙다

속담으로 쓴 자서전

 강아지 발바닥만한 섬에서 태어났다. 순풍에 돛 달고 세월아 네월아 지냈다. 앞길이 구만리 같은 호시절이었다. 집안 살림은 죽이 끓는지 밥이 끓는지 모르고 책만 들여다보는 아버지는 밤마다 호랑이 담배 먹을 적 이야기를 들려주셨다. 객지에 있는 자식들에게 보내는 편지를 쓸 때는 내가 방바닥에 엎드려 아버지가 불러주는 입말을 받아 적었다. 당구 삼 년에 폐풍월이라고 그때부터 호랑이 그리려다 고양이를 그리기도 했지만 귀신 씨나락 까먹는 소리를 끼적거리고는 했다. 고슴도치도 제 새끼는 함함하다고 한다더니 될성부른 나무는 떡잎부터 다르다고 아버지는 내가 소설가가 되리라 굳게 믿었다. 오르지 못할 나무는 쳐다보지도 말아야 하는데 앉아 삼천리 서서 구만리인 아버지의 믿음에 나도 꿈을 꾸게 되었다. 참깨가 기니

짧으니 하는 우물 안 개구리로 사는 것에 뉘가 났다. 송충이는 솔잎을 먹어야 하는데 갈잎을 먹고 싶었다.

말은 제주도로 보내고 사람은 서울로 보내랬다. 집 떠나면 고생이고 우물가에 애 보낸 것 같다고 말렸지만 초년고생은 양식 지고 다니면서도 한다 했으니 나중에 삼수갑산을 갈지라도 개나 걸이나 다 가는 서울로 가고 싶었다. 서울은 눈 감으면 코 베어 먹는 곳이라 했다. 서울이 무섭다 하니까 과천서부터 기었다. 서울에는 겉 다르고 속 다를지는 몰라도 말은 청산유수고 씻은 배추 줄기 같은 사람들이 난다 긴다 하면서 살고 있었다. 나는 어디 가도 꾸어다 놓은 보릿자루였다. 촌닭 장에 나온 섯 같았고 개밥에 도토리 신세였다. 아무리 냉수 마시고 이 쑤셔봐야 알아주는 이가 없었다. 남이 장에 간다고 나도 거름지고 나섰다가 바로 끈 떨어진 두레박 신세가 되었다. 나오느니 눈물이요 터지는 게 한숨이었다. 하지만 이미 엎질러진 물이었다.

강산도 변한다는 십 년 동안 오라는 데는 없어도 갈 데는 많아 고삐 풀린 말처럼 뛰어다녔다. 쇠털 같이 많은 날 도랑물 수돗물 다 마시다 보니 절에 가서 젓갈 얻어먹을 정도가 되었다. 서울에서는 남이 지게 지고 제사를 지내건 말건 다들 내 코가 석 자니까 감 놔라 배 놔라 하지 않았다. 살다보니 빛 좋은 개살구에 속빈 강정들도 많았지만 제 눈에 안경인 남자 만나 귀밑머리를 풀었다. 키 크면 싱겁다지만 겉볼안이라고 속은 어질 것 같았다. 하늘의 별따기처럼 천신만고 끝에 낳은 밤 같은 아들 둘 낳고 나니 용이 비 만난 꼴이라 입이 함박만 해졌다. 사는 것이 누워서 떡 먹기처럼 쉬워 보였다.

  남편이 사업을 시작했다. 바늘 넣고 도끼 낚을 심보는 아니었다. 핑계 없는 무덤 없다고 나라 경제가 어려워져 마파람에 호박꼭지 떨어지듯 옴나위도 못하고 넘어갔다. 까마귀 날자 배 떨어지고 고래 싸움에 새우 등 터졌다. 부자는 망해도 삼 년 먹을 것이 있다는데 부자가 되기 전에 망했다. 가지고 있던 모기 눈물만한 것들을 곶감 빼먹듯 빼먹고 나니 옛 보릿고개가 따로 없었다. 발바닥에 불이 일고 입에 단내가 나도록 돌아쳐도 산 넘어 산이고 옹이에 마디인 날들을 견디느라 부처님 가운데 토막 같던 남편은 비 맞은 장닭이 되었다. 백지장도 맞들면 낫다는데 방안 풍수인 나는 이불 속에서 활개만 치고 있었다. 석 달 장마에도 푸나무 말릴 볕은 난다. 고생 끝에 낙이 오고 쥐구멍에도 볕들 날이 있다. 하늘이 무너져도 솟아날 구멍이 있고 음지가 양지 되고 양지가 음지 된다. 옛말 그른 데 없다.

  넘어진 김에 쉬어간다고 글공부를 시작했다. 늦게 배운 도둑질에 날 새는 줄 몰랐다. 비단 올이 춤추니까 베올도 춤추고 숭어가 뛰니까 망둥이도 뛰었다. 남들은 누운 소 똥 누듯 하는데 나는 재주가 메주여서 선무당 장구 탓하고 서투른 과방이 안반 타박하듯 했다. 들은 풍월 얻은 문자로 아는 척 하고 되글

가지고 말글로 써먹고 공자 앞에서 문자 썼다. 꿈인지 생시인지 등단도 했지만 글은 가뭄에 콩 나듯 책에 실렸다. 허나 느릿느릿 황소걸음 걷다보니 여기까지 왔다. 말이 씨가 된다. 소싯적 꿈 소설가가 아니어도 엎어치나 메어치나 매한가지 수필가가 되었다. 미꾸라지 용 된 격이다.

  강산이 세 번 변했다. 차 치고 포 치던 남편도 이빨 빠진 호랑이에 날 샌 올빼미 신세다. 내 글 읽고 입찬소리로 옥에 티 가려내더니 이제는 쓰다 달다 말이 없다. 서로 소가 닭 보듯 닭이 소 보듯 하지만 척하면 삼천리고 메떡 같은 말도 찰떡같이 알아듣는다. 미운 정 고운 정 다 든 남편과 검은 머리 파뿌리 되도록 알콩달콩 살고픈 마음 굴뚝같다.

자음 여행

ㄱ

'강화'에 가면 고향 생각이 난다. 썰물에 드러난 갯벌, 손에 잡힐 듯 지척에 있는 섬들, 흐릿한 바닷물. 언제 가도 그곳은 세상사에 폭폭해진 마음을 따뜻하게 감싸준다. 겨울날 장화리 바닷가에 갔다. 바다는 살얼음이 잡혀있었다. 바닷물이 얼다니, 신기했다. 하늘과 바다에 노을빛이 장관이었다. 해넘이 마을로 유명해진 지금은 사람들이 장관이다.

ㄴ

'나주'에서 한 아이가 전학 왔다. 시골 학교에 처음 있는 일이었다. 아버지가 우체국에 다니는 아이었다. 깔끔한 외모가 비영비영한 섬 아이들 속에서 돋보였다. 쉬는 시간이면 그 아이를 구경하러 다른 반 아이들이 들락거렸다. 그때는 한 학년

이 세 반이어서 학교가 아이들로 꽉 찼다. 지금은 전교생이 스물세 명, 전학 오는 아이도 없고, 폐교 직전이다.

ㄷ

'대관령'은 아흔아홉 고개라고 했다. 어느 겨울 폭설로 대관령 휴게소에 갇혔다. 천지사방이 눈이었다. 설경은 긴 기다림과 배고픔도 잊게 할 정도로 아름다웠다. 제설차 뒤로 차량 서너 대가 올라오고 내려갔다. 내가 탄 버스도 한나절 만에 제설차 뒤를 따랐다. 지금은 쭉 뻗은 새 고속도로가 생겼다. 이제는 이순원 소설 속에서나 옛길을 만나 볼 수 있을까.

ㄹ

'로마의 휴일'은 영등포에 있던 찻집이었다. 오드리 헵번을 떠올리고 들어갔는데 주인은 늙수그레한 아저씨였다. 탁자 네 개 있는 좁은 공간, 결혼 전까지 단골이었다. 찻집에서 로댕의 조각처럼 앉아 있고는 했다. 아무 걱정 없어 보이는 주인아저씨처럼 빨리빨리 늙고 싶었다. 소원대로 아저씨 나이만큼 되었지만 걱정은 더 많아져버렸다. 그냥 가서 가만히 앉아있어도 되는 단골 찻집 하나 있었으면 좋겠다.

ㅁ

'목포'하면 대륙에 뿌리 내리고 있는 든든한 곳이라는 생각이 먼저 든다. 고향인 섬에서 배 타면 목포에 닿았다. 목포 서산동이 얼마 전 신문에 나왔다. 그 옆에 있는 고등학교를 다녔는데 그때와 똑같은 풍경이었다. 개발되지 않아 영화나 드라마 촬영지로 붐비는 동네가 되었단다. 아련하기도 하고 불쌍하게 늙어가는 먼 친척을 보는 것 같아 쓸쓸하기도 했다.

ㅂ

'부강역'을 지날 때면 PVC공장이 있나 두리번거렸다. 사회시간에 배운 부강의 PVC는 오래도록 머리에 남았다. 부강이라는 곳도 생소하고 PVC가 무엇인지도 모르면서 사지선다형 문제풀이로 외웠다. 선생님께 모르는 것을 물어볼 수도 있었을 텐데. 지금이라도 마음 놓고 궁금한 것을 물어볼 수 있는 누군가가 있었으면 좋겠다.

ㅅ

'서울'을 중학교 때 처음 갔다. 부모님과 함께 보따리 들고 미로 같은 골목을 한없이 걸었다. 조카 돌잔치에 가는 길이었다. 다음날 돌상에는 바나나가 한 무더기 놓여 있었다. 엄마가 몇날 며칠 만들어 온 한과와 떡은 생신한 바나나에 밀려 초라해 보였다. 그 뒤로 오랜 공을 들인 것이 돈 주고 산 것에 묻혀버리는 일이 있을 때마다 노란 바나나가 떠오른다.

ㅇ

'안산' 상록수 전철역 앞에서 살았다. 덩그러니 저층아파트 단지만 있고 주위는 허허벌판이었다. 그곳은 소설 ≪상록수≫의 무대였고 주인공 채용신이 다녔다는 샘골 교회가 있었다. 산책을 나가면 수인선 협궤열차가 바쁠 것 없다는 듯 느릿느릿 지나갔다. 얼마 전에 그곳을 지날 일이 있었는데 들꽃이 지천으로 피어나던 곳에 상가가 빽빽이 들어찼다. 내가 살았던 아파트는 고층아파트에 가려 보이지 않았다. 협궤열차가 사라진 지도 오래되었다.

ㅈ

'조치원'은 친구 외삼촌 집이 있던 곳이다. 친구와 계룡산 등산을 했다. 은선폭포를 지나 삼불봉 쪽으로 가다가 등산로를 놓쳐버렸다. 길을 찾아 헤매는 중에 카메라와 지갑이 없어졌다. 친구가 가까운 외삼촌 집으로 가자고 했다. 조치원까지 여러 사람 도움을 받으면서 갔다. 가끔씩 사는 일이 오리무중이고, 무얼 잃어버리고 살아가는지도 모를 때, 조치원 찾아가던 때를 생각한다. 세상도 사람들도 순박하던 시절이었다.

ㅊ

'창평'에는 슬로시티 마을이 있다. 천천히 느리게 살아가자는 마을이다. 창평은 염천에 배롱나무 꽃으로 곳곳이 꽃밭이다. 배롱나무는 간지럼을 태우면 가지가 흔들려서 '간지럼나무'라고도 한다. 예전에는 남쪽지방에만 있어 귀했는데 지금은 어디서나 볼 수 있는 나무가 되었다. 우리 아파트 입구에도 꽃을 피우고 있다. 들고나는 길에 한 번씩 미끈한 몸매에 간지럼을 태우면서 바쁜 일상을 뒤돌아본다.

ㅋ

'카불' 출신 소설가 할레드 호세이니가 쓴 소설을 읽었다. 아프가니스탄의 비극적인 현대사와 전란의 소용돌이 속에 던져진 사람들 이야기다. 이제는 매스컴에서 아프가니스탄 뉴스가 나오면 귀가 기울어진다. 소설 속에 나오는 우리와 별반 다르지 않는 평범한 사람들이 살아가는 이야기이기 때문이다. 문학의 힘이다.

ㅌ

'통영' 버스터미널 옆 횟집이었다. 거제에 사는 친구 집에 갔다 오는 길이었다. 여섯 명. 스무 살 때 만난 친구들이다. 그때 우리는 만나기만 하면 잘 웃었다. 웃을 일이 무어 그리 많았을까? 지금은 크게 웃을 일이 별로 없다. 그날, 깍짓동만 한 여인네들은 스무 살로 되돌아 간 듯, 그동안 막혔던 웃음보를 터트리며 즐거워했다. 가끔씩 우울한 날 통영을 생각하면 푸르던 바다만큼이나 기분이 유쾌해진다.

ㅍ

'평창'에 가려고 장평에서 하루 네 번 있다는 군내버스를 탔다. 강줄기를 따라 한없이 산속으로 들어갔다. 바닷가에서 자란 나는 가도 가도 첩첩인 산이 경이롭기도 했지만 답답하기도 했다. 다시 올 곳은 아니라고 구시렁거렸는데 다음날 아침, 산안개가 피어오르자 신선이 사는 동네 같았다. 나오지 않고 거기서 살고 싶었다. 지금은 평창 어느 계곡을 가도 펜션과 자동차가 진을 치고 있다.

ㅎ

'흘리'는 진부령 정상에서 가까운 곳이다. 스키장과 아담한 산장이 있었다. 알프스 산장이라는 이름에 걸맞게 화가인 주인이 하얀 벽에 동화 같은 그림을 그려놓았다. 통나무를 쌓아 만든 화실과 카페도 있었다. 알프스가 이런 곳이려니 싶은 생각이 들던 곳이었다. 흘리 스키장과 알프스 산장은 알프스 리조트라는 거대한 성채로 변해버렸다.

지금까지 살아오면서 골골샅샅 지나왔다. 이제까지가 '자음 여행'이었다면 다시 '모음 여행'을 향하여 앞으로도 여러 곳을 많은 사람들과 가야 하리라.

동명이인들의 하루

　스물일곱. 대학 2학년 때 친구와 처음으로 노량진에 왔다. 육교에서 바라 본 노량진은 날씨 탓이었는지 음산했다. 그때는 졸업만 하면 꽃피는 봄날이 펼쳐지리라 생각했다. 몇 년 뒤 내가 여기서 살게 되리라고는 생각도 못했다.
　나는 공무원 시험 준비생, 일명 공시생이다. 일 년만 하면 될 줄 알았는데 벌써 3년째다. 이제 엄마가 보내주는 생활비 받기도 염치없다. 엄마는 올해까지만 하고 안 되면 집으로 내려오라고 한다. 처음에는 학원과 여성전용 독서실에 다녔다. 날마다 마주치는 이들이 있지만 서로 친해지지는 않는다. 엎드려 자고 있으면 깨워주고 귤이나 초콜릿 등을 조용히 책상에 놓아주는 정도다. 합격해서 저런 친구들과 근무한다면 얼마나 좋을까 그런 생각이 들 때도 있다. 이제는 학원도 안다니고 인터넷 강의만 듣는다. 밥 먹으러 갈 때만 밖에 나간다. 그것도 귀찮으면 피자 시켜서 온종일 먹을 때도 있다. 고시원에 밥과 김치가 항상 있어 그나마 다행이다. 시험이 다가오면 꿈에서도 문제를 푼다. 합격했을 때와 떨어졌을 때 상황을 수없이 상상한다. 시험 끝날 때마다 내게 선물한다는 의미로 좋아하는 연어덮밥을 사먹는다. 목표를 향해 노력하고 좌절하는 젊은이들이 모여 있는 노량진, 나는 창도 없는 방에 오늘도 혼자 앉아 있다.

서른다섯. 나는 이단평행봉 선수였다. 첫딸 낳고 쉬고 있을 때였다. 선배가 피트니스 센터를 오픈했는데 운동도 할 겸 나오라고 했다. 마침 옆에 사는 어머니가 아이를 봐 준다고 하였다. 몇 개월만 도와줘야지 생각했는데 이 년째다. 어머니는 은근히 둘째를 바라는 눈치지만 둘째 낳을 생각은 없다.

취소 문자가 왔다. 반 년 정도 관리 중인 회원이다. 이 회원은 꼭 예약시간 다 되어서 연락한다. 저녁시간도 괜찮다고 하더니 매번 식사 준비를 해야 한다는 이유다. 20회 쿠폰이 끝나갈 무렵 몸무게가 그대로라고 따지듯 물었다. 살이 쑥쑥 빠지리라 생각했나 보다. 그럴 때는 언니처럼 편하게 대하라던 말이 무색하리만치 찬바람이 돈다. 식사량을 물어보았다. 점심은 거의 외식이고 저녁은 과일만 조금 먹는단다. 이때 말을 흐리마리하면 안 된다. 근육이 늘었고 몸매가 균형이 잡혔다고 단호하게 말한다. 회원은 며칠 뒤 남편과 왔다. 제법 걸때 있는 남편이 40회 쿠폰을 끊어주었다. 이 정도면 최우수회원이다. 젊은 회원보다 트레이닝시키기도 쉽다. 시시콜콜한 집안 얘기 들어주다 보면 시간이 반나마 흐를 때도 있다. 취소회원 때문에 생각지 않게 집에 빨리 가게 생겼다. 딸이 좋아서 콩콩 뛰겠다.

마흔여섯. 오늘도 손님이 없다. 이렇게 손님이 적어보기는 처음이다. 계속되는 미세먼지 때문에 사람들이 나오지 않는 걸까. 프랜차이즈 맥주가게를 운영한 지 8년째다. 회사 다니던 남편은 결혼 초부터 내가 부업하길 원했다. 아이가 초등학교 들어가자마자 모아놓은 돈과 은행대출로 아파트 단지에 가게를 열었다. 새 건물인데다 본사에서 해준 실내장식도 깔끔했다. 70여 가지나 되는 호텔식 메뉴와 생맥주 때문인지 가족 단위와 여자 손님이 많았다. 생각보다 수입이 좋아 대출 다 갚아갈 즈음 남편이 회사를 그만두고 직접 나섰다. 고학년 되면 손이 덜 갈까 싶던 아이도 내 손이 계속 필요했고, 혼자 하느라 지쳐가던 때여서 환영이었다. 남편에게 맡기고 나는 짬짬이 나오면 되겠지 싶었다.

회사만 다녀본 남편은 직원 다룰 줄을 몰랐다. 겨우 일 가르쳐놓으면 남편과 티격태격하다 나가버렸다. 경기도 예전 같지 않고 최저임금제로 지출도 많아졌다. 다시 내가 나오게 된 이유다. 전면 유리에 '생맥주 무료 서비스'라고 붙여 놓은 전단지도 효과가 없다. 직원들은 서로 눈치 보면서 핸드폰만 들여다보고 있다. 직원들에게 빨리 퇴근하라고 인심이나 써야겠다.

쉰여덟. 카페에 왔다. 주인은 친절과 불친절의 중간쯤 무덤덤한 얼굴이다. 뒤로 묶은 머리, 줄무늬 남방셔츠, 갈색 앞치마, 늘 같은 모습이다. 이 카페는 자리마다 콘센트가 있어 노트북 쓰기에 편하다. 그래서인지 혼자인 손님이 많다. 지금 상반기 입사철이다. 노트북 앞에 앉아 있는 아이들은 거의 자소서 쓰고 있을 것이다. 우리 아이도 자소서 쓰는 기간이면 카페를 집 삼아 드나든다. 카페가 갑자기 환해진다. 제복차림 여자경찰 예닐곱 명이 들어와 긴 탁자에 앉는다. 일순 손님들 눈이 그녀들을 향했다 거두어진다. 그녀들은 주문한 음료를 들고 카페 바로 앞 경찰서, 벙근 자목련 아래로 들어간다. 막 터져 오르는 꽃숭어리 같던 그녀들이 나가자 카페가 휑하다.

나는 글을 써야하는데 한겻이 지나도록 붓방아만 찧고 있다. 노트북을 밀어놓고 가져 온 책을 펼친다. 건성으로 읽다가 무슨 소설이 이러나 싶어 제목을 본다. 〈일곱 명의 동명이인들과 각자의 순간들〉. 한유주 소설이다. 그제야 이해가 된다. 소설에서처럼 내 이름을 인터넷에 검색해 본다. 전국 곳곳 동명이인들이 나타난다. 그 중 나보다 어린 세 명 일상을 따라가 보았다.

미아迷兒는 길을 잃어버린 아이다. 이름 때문이었을까. 지금까지 살아오면서 쉬운 길은 없었다. 옵벅집벅 살다보니 여기까지 왔다. 스물일곱, 서른다섯, 마흔여섯 미아들과 나, 비록 지금 힘들더라도 '미아美我'만의 아름다운 자신의 길을 찾아 가리라.

어슬렁 청계천

 청계천 둘러보는 모임이 있다 해서 갈까 말까 망설이다 따라가기로 마음먹고 출근시간 지하철을 탔는데 앞에 앉아 있는 아가씨가 자기 집 안방인 양 역 서너 개를 지나는 동안 날마다 연습한 덕인지 가히 예술의 경지에 가까운 화장을 하고 있어 지루한 줄 모르고 구경하다, 핸드폰이 울어 열어보니 모임 단톡방에 '왕십리'하면 떠오르는 것이 무엇인지 묻는 설문지가 들어와 있어 소월의 시 〈왕십리〉가 생각나 '가도 가도 왕십리 비가 오네'로 적어 보내고 상왕십리역에서 내려 약속 장소로 가니까 모두 도착하여 기다리고 있어서 미안한 마음이 들었지만 설문지 답이 대부분 '왕십리 곱창' 김흥국의 '59년 왕십리'였는데 소월을 생각한 사람은 나 혼자였다고 해서 기분이 좋아져, 소월이 청담동에 살던 친구 나도향을 만나러 다니면서 〈왕십리)를 썼고 14살 때 할아버지 친구였던 벽초 홍명희의 딸과 결혼했지만 오순이라는 여자를 사랑해 시 〈초혼〉을 지었다는 이야기가 귀에 쏙쏙 들어와 발걸음도 가볍게 무학로 00길 주소가 있는 상가 앞에서부터 어슬렁 청계천을 시작했는데, 조선 초에 무학대사가 도읍을 정하려고 이곳까지 와서 도선대사의 변신인 늙은 농부로부터 십 리 더 가라는 가르침을 받았다고 전하는 데서 왕십리가 되었으며 그때부터 지명에 무학이나 도선이 많이 들어가게 되었고, 청계천은 특이하게 서쪽에서 동쪽으로 물이 흐르고 살곶이다리가 있는 중랑천에서 물길이 만나 한강을 거쳐 서해로 나가는데, 처음 이 투어를 기획할 때는 구보 박태원의 《천변풍경》과 《소설가 구보 씨의 일일》을 생각했으나 구보 외에도 청계천에 많은 문인과 문학작품이 연관되어 있어 두루두루 살펴보는 하루가 될 거라고 하면서 청계천박물관까지 걸어가니까 마침 《천변풍경》 전시가 열리는 중이어서 빨래터와 이발소 평화카페 한약국집을 재현해 놓았는데 소설 속 한약국집 신혼부부 모델이 구보 부부였고 원래도 구보는 서울 태생이고 한약국집 아들이었으니 구보가 서울말을 가장 잘 구사한 작가가 될 수 있었음은 이러한 배경이 있었기 때문인데, 둘러보던 중 갑자기 바닥으로 물이 쏟아져 깜짝 놀라서 보니까 일부러 소설에 나오는 장마 풍경을 연출해 놓아 중절모 널빤지 등이 물살에 떠내려가는지라 그걸 잡아보려다 허탕치고 나와, 봉준호 감독이 보낸 전시 축하 화환을 보고

봉 감독이 구보의 외손자임을 잠시 떠올리다가 우리나라 최초의 재래시장이면서 광통교와 장통교 앞 글자를 딴 광장시장으로 발길을 옮겼는데, 소설가 박완서는 혼자 된 올케가 여기서 포목점을 열고 수입이 생기자 가장 역할을 벗고 서둘러 결혼하고 결혼 전 미8군 PX가 있던 동화백화점에서 초상화 그리려는 사람을 초상화부에 소개시켜 주는 일을 하면서 초상화부에서 그림 그리던 박수근과 인연을 맺는데, 그 이야기를 소설 ≪나목≫으로 써서 40세 늦은 나이에 작가가 되고 한국 대표 여성 작가로 무수한 소설을 남겼는데 훨씬 전 동화백화점이 미쓰코시 백화점일 때, 뭐하고 다니느냐는 아내의 악다구니를 듣고 거리를 배회하던 이상의 ≪날개≫ 주인공은 문득 백화점 옥상에 서서 경성 시가지를 보고 있는 자신을 발견하고 순간 겨드랑이에서 가려움을 느끼면서 '날개야 다시 돋아라, 날자 날자 한번만 더 날자꾸나.'라는 환시에 시달리는 배경으로 미쓰코시 백화점이 등장하는데 지금은 신세계 백화점 명품관으로 변해 옛 모습은 찾아 볼 수 없고 ≪소설가 구보씨의 일일≫에서 너댓 살 되어 보이는 아이를 데리고 승강기 기다리고 있는 젊은 내외를 보고 구보는 그들을 업신여겨 볼까 하다가 문득 생각을 고쳐 그들을 축복하여 준 화신 백화점이 있던 곳에 세워진 가운데가 뻥 뚫려 있고 꼭대기는 서울 시가지가 내려다보이는 레스토랑이 있는 종로 타워를 길 건너에서 쳐다보다가 덕수궁 쪽으로 가는데 원래 지금 서울 시청이 있는 곳까지 다 궁이었고 덕수궁 돌담길 옆에 있는 미대사관저는 미국 땅이 되어버렸다는 이야기를 들으면서, 중명전이 어떤 곳인지도 모르고 처음으로 들어섰는데 을사늑약 체결의 아픔이 서린 곳임을 알고 부끄럽기도 하고 이제라도 알았으니 다행이기도 하다 생각하면서, 일정을 마치고 지하철역으로 향하던 중 덕수궁미술관에서 '내가 사랑한 미술관: 근대의 걸작'전이 열리고 있다는 안내를 보고 종일 강행군 한 뒤여서 그냥 오려다가 들어가 기라성 같은 근대 화가들 작품을 보는데 특히 ≪근원수필≫을 쓴 김용준 그림을 처음으로 봐서 반갑고 청계천 빨래터는 아니지만 박수근의 〈할아버지와 손자〉는 푸근하고, 이상과 초등학교 동창인 구본웅이 이상을 그린 〈친구의 초상〉도 있어 피곤이 싹 가시고 어슬렁 청계천의 방점을 찍은 느낌이 들어 덕수궁을 나와 지하철역으로 향하면서, 구보가 이상이 운영하던 다방을 배경으로 쓴 한 문장 소설 〈방란장 주인〉을 본 따, 오늘 돌아본 청계천 이야기를 '한 문장 수필'로 써 보면 어떨까 생각하면서 퇴근시간 북적이는 지하철에 몸을 실었다.

품사처럼

 품사品詞란 '단어를 문법상의 의미, 기능, 형태에 따라 분류한 갈래. 공통의 특성을 가진 단어들의 집합체.'를 말한다. 학자에 따라 품사의 분류 방법이 다른데, 일찍이 외솔 선생은 순우리말로 이름씨(명사)·대이름씨(대명사)·셈씨(수사)·움직씨(동사)·어떻씨(형용사)·잡음씨(지정사)·어떤씨(관형사)·어찌씨(부사)·느낌씨(감동사)·토씨(조사), 10품사를 설정하였다.

 언제부터인가 사람을 보면 '저 이는 이름씨 같네, 저 사람은 움직씨가 어울리네.' 하고 혼자 생각하는 버릇이 생겼다.

 이름씨 같은 사람은 단정하고 바르고 교과서 같다. 남에게 하나를 받으면 되돌려 갚아야 마음이 편하고, 싫은 말은 절대로 못하는 사람이다. 함께 있으면 옷깃이라도 여며야 될 것 같다. M여사는 이름씨 닮았다. 한번도 흐트러진 모습을 본 적이 없다. 걸음걸이도 조용조용, 앉는 모습도 다소곳하다. 목소리를 높여 본 적도 없다. 오랜 세월 시부모 병수발 들고 있으면서도 힘든 내색을 하지 않는다. 칭찬이라도 할라치면 오히려 몸 둘 바를 몰라 한다. 짬짬이 배운 서예와 문인화도 그녀와 잘 어울린다.

움직씨 같은 사람도 있다. 가만히 있는 것보다는 움직여야 어울리는 사람이다. 생각만 해도 생동감이 넘친다. 일을 만들어서 하지만 하는 것마다 척척이다. J여사는 맏딸이다. 시골에 계신 부모 대신 남동생 둘을 데리고 있다 결혼시켰다. 결혼 준비 할 때 보면 결혼 이벤트회사를 차려도 될 것 같다. 살림 솜씨도 수준급이다. 집안은 번쩍번쩍 윤이 나고, 수시로 밑반찬을 만들어 이웃에게 나누어 준다. 어렵게 생각되는 일도 그녀 손으로 가면 쉬워진다. 모든 일을 신바람 나게 한다. 옆에서 보기만 해도 힘이 솟는다.

귀여운 H여사는 어찌씨 같다. 어느 날 남편 핸드폰을 본 그녀, 남편이 한뚱아지매라는 묘령의 여인과 숱하게 통화를 하지 않았는가. 어떤 여인네인지 당장 확인하려고 통화 버튼을 눌렀는데 자신의 핸드폰이 울렸다. 그녀 성이 '한'이다. 그녀는 한뚱아지매를 지우고 미스코리아 진으로 바꾸어 놓았다. 다음 날 남편에게 전화했지만 묵묵부답, 이상한 전화인 줄 알고 남편이 받지 않은 것이다. 미스코리아 진은 계속 S라인, 오월의 장미로 변신을 거듭하고 있다. 겉보기는 공주이지만 맏며느리에 결혼해서부터 시부모 모시고 살았다. 동서들과 명절, 제사 모신 이야기 들으면 존경스럽다.

　감정이 풍부하여 조그만 일에도 감탄사를 연발하는 이도 있다. 매사에 긍정적인 G여사는 느낌씨 같다. 그녀와 있으면 즐겁다. 그녀 남편은 요즘 보기 드물게 큰소리치면서 사는 남자다. 남편에게 밥상 차려주고 부엌에서 다른 볼 일 보면 "지금 머슴 밥 줬는가?"하는 말이 날아온다. 밥상머리에 앉아서 시중들라는 것이다. 출근할 때는 입고 나갈 옷을 양말 손수건까지 침대에 가지런히 올려놓고, 퇴근 때도 현관으로 달려가 낫낫한 몸짓으로 옷을 받아 든다. 남편 말이라면 다 들어주는 그녀가 "집에서 나한테나 그래야지. 어디 가서 큰소리 쳐 보겠어." 한다. 이럴 때 보면 그녀가 남편을 꽉 잡고 사는 것 같기도 하다.

　C여사는 멋쟁이다. 오래된 옷을 입어도 최신식 옷 같다. 백화점에 누워 있는 옷만 골라 입는다는 것도 안 믿긴다. 시장에서 샀다는 큼지막한 가방도 그녀가 들면 멋스럽다. 액세서리도 주렁주렁 잘한다. 분명 남이 했다면 유치하게 보였을 텐데 그녀에게는 잘 어울린다. 비싼 것으로만 치장 한다면 멋쟁이라고 할 수 없을 것이다. 몸에 어떤 옷을 걸쳐도 맵시 나는 그녀는 어떻씨를 닮았다.

　토씨는 스스로 뜻을 나타내지도 못하고 문장이 되지도 않는다. 하지만 토씨는 중요하다. 하나의 토씨로 전혀 다른 말이 되어 버린다. '손도 예쁘다.'와 '손은 예쁘다.'에서만 보아도 알 수 있다. S여사는 자신의 주장을 펴지 않고 남 말을 잘 들어준다. 간간이 "그래요.", "그랬구나." 호응해 주면서 대화 핵심을 놓치지 않고 이끌어 가는 그녀다. 무던한 듯 조용하면서도 자기 할 일은 철저하게 하는 그녀를 보면 야무진 토씨 같다.

  품사들이 어울려 문장이 되고 글이 된다. 품사 닮은 사람들이 더불어 사는 것이 세상살이다. 나는 어디에 어울릴까? 하나의 품사를 고집하지 않고 때로는 이름씨처럼, 때로는 느낌씨처럼, 변화하는 풍성한 삶을 살고 싶다.

맹랑 설화

 노란 샤쓰 입은 사나이. 한명숙 노래다. 노래 좋아하는 친구가 자기 태어난 해에 유행했던 노래가 뭐였을까 궁금해 했다. 친절한 네이버 양에게 물어보았더니 이 노래가 대유행이었다. 60년 전인데 일본, 동남아로 순회공연까지 다녔다. 한명숙 주연으로 영화도 만들어졌다. 나는 노래보다 문학에 관심이 있으니까 작가들에게는 무슨 일이 있었을까 찾아보았다.

 김말봉 소설가가 2월 9일 61세로 영면하셨다. 작가는 ≪중외일보≫ 신문기자로 활동하던 중, 중앙일보 신춘문예에 〈망명녀〉가 당선되었다. 처음부터 흥미 중심의 통속소설, 재미있게 읽을 수 있는 소설을 쓴다는 신조를 가졌다. 신문 연재소설을 많이 썼는데 최초의 대중소설가라는 명예를 얻기도 했다.

망우리공원 묘비에는 '마음 깊은 곳에 숨어 있는 푸른 날개에서'라고 쓰여 있다.

수주 변영로는 3월 14일 63세에 후두암으로 세상을 떠나셨다. 시 〈논개〉로 유명하지만 14세에 영시 〈코스모스〉를 발표하기도 했다. '술이라면 수주를 뛰어넘을 자가 없다.'는 유행어가 생길 정도로 애주가였다. 수필집 ≪명정 40년≫에는 술에 얽힌 이야기들이 호쾌하게 그려져 있다. 고향 부천에서는 1999년부터 수주문학상 공모, 2005년부터는 수주문학제를 열고 있다. 나는 10년 전 수주 아내에 대한 글을 썼는데 올해 수주문학제에서 연극으로 각색되어 공연되었다.

〈백치 아다다〉를 쓴 소설가 계용묵은 8월 9일 58세로 돌아가셨다. ≪현대문학≫에 ≪설수집屑穗集≫을 연재하던 중이었다. 망우리공원 유택에 현대문학사와 문우 일동이 1주기를 맞아 묘비를 세웠다. 거기에는 '중요작품명 백치아다다 병풍에그린닭이 별을헨다 이 밖에 60여 편을 남겼다'고 새겨있다.

시인 조지훈은 벨기에에서 열리는 국제시인회의에 참석하기 위해서 9월 4일 김포공항에서 비행기를 탔다. 처음이자 마지막인 해외여행이었다. '혼자서 하는 여행은 쓸쓸하고 고달프다. 모처럼 온 길을 그냥 갈 수 없어 그렇지 그저 돌아가고만 싶다.'고 했다. 제자들과 지인의 도움으로 유럽과 동남아를 두루 돌아다니고 왔다. 20여 년 전 시인 생가를 찾아 영양군 주실 마을에 갔었다. 일월산과 고택이 인상 깊었다.

이성부 시인은 〈소모消耗의 밤〉으로 ≪현대문학≫ 초회 추천을 받았다. 이어 〈백주〉, 〈열차〉로 완료 추천을 받고 정식으로 문단에 나왔다. '기다리지 않아도 오고/ 기다림마저 잃었을 때에도 너는 온다'고 절망 속에서 희망을 노래한 시인이다. '봄'이 자유와 민주의 상징이라는데 깊은 뜻도 모르면서 봄만 되면 나도 모르게 입에서 이 시가 읊조려진다.

평생 분단문학에 매달려온 소설가 이호철은 〈판문점〉으로 현대문학상을 받았다. 2013년 〈판문점2〉를 추가해서 장편 ≪판문점≫을 펴냈다. '소설의 느티나무 숲'은 고양시 선유동에 있는 작가 집필실이다. 그곳에서 2009년부터 단편소설 페스티벌이 매년 열린다. 5년 전 니도 참석했다. 원래 분단문학포럼이 주최하니까 6.25에 맞추어서 하는데 그해에는 9월에 했다. 선선한 나무 그늘에서 종일 소설 속으로 빠져들었던 호사스러운 날이었다. 그날 조용조용 행사를 돕던 작가는 이 년 뒤 타계하셨다.

최인훈은 ≪광장≫을 발표하였다. 남북한 이데올로기 대립을 파헤친 대표작이다. 철학과 학생인 이명준을 내세워 이남의 개인주의와 이북의 도식주의를 비판한 소설이다. 주인공은 결국 남한도 북한도 아닌 제3국을 택했다가 자살하고 만다.

전혜린이 ≪생의 한가운데≫를 번역 출간했다. 이 책을 나는 여고 때 수업시간에 읽다가 뺏겼다. 다시 읽어야지 하면서도 아직 읽지 못했다. 그녀는 31세에 생을 마쳤다. ≪그리고 아무 말도 하지 않았다≫ 유고수필집 제목처럼 그리고 아무 말도 하지 않았지만 아직까지 그녀를 기리는 이들이 많다. '하늘이 주신 시간에/시간을 보태고/사랑에 또 사랑을 보탠 다음/눈감아 여기 잠든 이/전혜린 여사여' 김남조 시인이 쓴 묘비명이다.

황순원이 장편 ≪나무들 비탈에 서다≫로 예술원상을 수상하였다. 그의 아들 황동규는 같은 해 시집 ≪어떤 개인 날≫을 출간했다. '내 그대를 생각함은 항상 그대가 앉아 있는 배경에서 해가 지고 바람이 부는 일처럼 사소한 일일 것이나'로 시작하는 〈즐거운 편지〉가 들어있는 첫 시집이다. 이 시를 연애편지 쓰면서 내 글인 양 자주 도용했다.

12월 마지막 날 한국문인협회가 창립되었다. 김동리를 비롯한 44명의 준비위원이 결성하였다. 우리나라 문인들 활동단체인 한국문인협회는 현재 회원이 1만 4천여 명에 이른다.

1961년 5월 19일 금요일. 보리누름이었다. 하루 두 번 연락선이 다니는 남쪽 끝 섬마을. 오전 배 지나고 새참 때쯤 한 아이가 태어났다. 아이는 문인들을 흠모하며 자랐다. 글공부 하면서부터는 언젠가 나도 괜찮은 수필가가 되지 않을까 당찬 꿈을 꾸었다. 갈수록 꿈이 깊어지다 보니 한 송이 국화꽃을 피우기 위해 봄부터 소쩍새가 울었 듯 그 해 문인들 숨결이

나를 탄생시키기 위한 것이었나?
참으로 맹랑한 설화 같은 생각을 한다.

카페 만화경

남과 남男男

결혼한 지 세 달 되셨다구요. 혼자 살 때보다는 여러 가지 부담스럽죠. 마흔한 살, 4대 보험가입자시고 담배 피우시고. 자녀는 한 명 계획이시라구요. 평균소득이라는 게 있어요. 중형차에 35평 아파트, 자녀 2명, 평생 15억에서 19억 듭니다. 노후 자금까지 생각하면 3억 더 들어가구요. 형님에게 권하고 싶은 상품은 연금입니다. 연금은 한 달이라도 빨리 가입해야 됩니다. 시간이 금이지요. 국민연금은 68세부터 나옵니다. 서른 전에 가입해도 150밖에 안 나와요. 그것만으로는 살기 힘들죠. 60에 집에만 있으면서 짐이 될 건지, 여행 다니면서 노후를 누릴 건지 생각하셔야 합니다. 지금은 먼 훗날 같지만 금방입니다. 저는 이 직업을 삼십 년 생각하고 있기 때문에, 저만 알고 가기 보다는 다른 분에게 알려드리고 싶은 겁니다. 지금 형님이 가입하신다면 월 70정도 들어갑니다. 제가 설명 드릴 부분은 여기까지입니다.

카페 옆자리에서 들려오는 이야기다. 보험 권유 멘트는 20년 전이나 지금이나 변한 게 없구나. 구구절절 다 맞는 말씀이긴 하다. '형님'은 억, 억 하니까 속이 타는지 유리잔에 남은 얼음조각만 으득으득 씹어 먹고 있다. 나도 60까지 금방 와버렸다. 현금 자산도 노후 자금도 넉넉지 않지만 건강하게 살아 온 것만으로도 감사한 마음이 든다. 살다보면 중도해지 할 수밖에 없는 일이 시시때때로 생기는 걸 젊은이들이 알까. '형님'은 70이라는 숫자에 깜짝 놀란 듯 다시 연락하겠다고 얼버무리고 순식간에 나가버린다. 엿듣고 있던 나만 당황할 뿐, 보험 청년은 태연하다. 그는 펼쳐놓은 서류를 착착 각 맞추어 가방에 넣고 소중한 걸 잊고 있었다는 듯 묽어져버린 커피 잔을 든다.

남과 여男女

나는 혼자 있을 때 행복해. 여러 사람 만나면 기가 빠져. 너도 조용한 시간 가졌으면 좋겠어. 갔다 오면 다른 준비할 거지. 코로나 때문에 지금 가기 어렵다고. 잠잠해지면 갈 거잖아. 다른 방향으로 생각해 보는 것도 괜찮아. 뭐든 부딪쳐 봐야지. 하다보면 잘 하는 게 나올 거고. 원래 나도 디자인은 중간에 배운 거고 따로 하고 싶은 게 있긴 해. 이렇게 생각해 보면 어떨까. 나는 A가 너무 필요하고 갖고 싶은 거야. 그렇지만 그걸 가질 수 없어. 그러면 B라도 갖는 거야. 우리는 A만 원하지만 하나님은 B나 C를 주실 수도 있는 거야. 때로는 그걸 갖고 있다 보면 깨달음을 주실 수도 있고. 하나님은 우리 기도 하나도 빠지지 않고 다 들으시니까. 믿음만 있으면 언젠가는 다 주시지.

아가씨는 처음부터 두 손으로 찻잔을 감싸고 조용히 듣고만 있다. 차츰 기가 빠지는지 의자에 등을 기대고 자세가 흐트러진다. '교회 오빠' 횡설수설이 이어지자 꽃무늬 블라우스 자락만 손으로 만지고 있다. 뭐든 부딪쳐 보는 시기. 불확실한 미래도 겁나지 않던 나이. 나도 저런 시절이 있었지. 어딘가로 떠나려는 아가씨가 부럽기도 하지만 그 시절로 돌아가라면 나는 싫다. 다시 살아본들 더 잘 살아낼 자신이 없다. 찻잔과 의자까지 반듯하게 정리하고 교회 오빠를 따라 나가는 아가씨 뒷모습이 쓸쓸하다.

여와 여女女

언니는 지금 너무 다운되어 있어. 손주 보느라 그러지. 여행 한 번 갔다 와. 그냥 계획 없이 가는 거야. 맛있는 거 먹고 카페 가서 멍 때리고 있다가 숙소 가서 쉬고. 그러면 어쩔 때 눈물이 난다니까. 나는 뭔가 하고. 내 얼굴에 예전에는 그늘 있었잖아. 지금은 하나도 없지. 언니 얼굴에 지금 그늘이 가득이야. 그걸 걷어내. 내가 피 주머니 차고 한 달 살았잖아. 그때

정말 많은 생각이 들었다니까. 남편, 자식 심지어 집에서 키우는 개새끼한테도 서운하더라고. 오죽했으면 죽을 생각까지 했겠어. 나는 무슨 일 있으면 혼자 끙끙 앓으면서 감당했잖아. 이제는 내가 지금 이래서 불편하다고 가족에게 말해. 자잘한 일은 잊어버리려고 노력도 하고. 아픈 뒤로 15년 했던 미장원 정리했잖아. 언니도 자식에게 너무 매어 있지 말고 훨훨 날아다녀. 언니가 그런다고 자식이 알아주지도 않아. 우리가 건강하게 살날이 얼마나 남았겠어.

쩌렁쩌렁한 목소리다. 헬스장에서 오는 길인지 운동 가방을 들었다. 산전수전 겪은 사람 같지 않게 당당함이 넘친다. 아파보면 여러 가지가 보인다. 전처럼 살지 말아야지 다짐도 한다. 도통한 듯한 말씀 다 옳다 고개 끄덕이다가 그게 말처럼 쉬운 일은 아니지 싶다. '언니'는 닦달하는 동생이 못마땅한 표정이다. 화가 나지만 부앗가심 할 방법이 없어서인지 핸드폰만 들여다보고 있다. 동생 말이 길어지자 거울을 꺼내서 들여다본다. '언니'는 얼굴에서 정말 그늘을 보아버렸는지 죽을상이 되더니 손주 올 시간이라고 하동지동 일어나 나가버린다.

요리책 소고

 화창한 봄날, 일요일 오후다. 집에 있기 아까운 날씨다. 세 남자는 거실에서 편안한 자세로 텔레비전을 보고 있다. 야구 경기 할 때만 볼 수 있는 풍경이니 뭐라 할 수도 없다. 안방으로 들어오면서 "저놈의 야구는 왜 맨날 하는 겨." 혼자 구시렁거렸더니 한 남자가 "월요일은 안 하는데…." 한다.
 부글거리는 속을 잠재우려고 침대에 누웠다. 책장 귀퉁이에 꽂혀있는 오래된 요리책이 눈에 띈다. 인터넷이 발달하기 전 애용하던 책이다. 오랜만에 책을 꺼냈다. 궁중요리연구가가 계절별로 제철 요리를 구성해 놓았다. 음식도 유행이 있는지 확 들어오는 씸박한 요리가 없다. 그릇도 소품도 철지난 옷처럼 초라하다. 그런데 재미있는 낱말들이 양념처럼 콕콕 박혀 있다. 젊었을 때는 안보였는데 단맛 쓴맛 다 본 뒤라 보이는 것일까. 작정하고 쌀에서 뉘 고르듯 골라보았다. 음식 종류만큼이나 맛깔난 어휘가 풍부하다.

 맛은 담박 들찌근 맵싸 텁텁 새콤달콤하다. 또 새금 삼삼 짭짤 간간 씁쓰름 꼬랑꼬랑 칼칼하다. 식감은 사박사박 쫄깃쫄깃 아삭아삭 바삭바삭 오돌오돌 파삭파삭 멀컹 살캉하다. 음식 묽기는 말씬 자작 잘박 걸쭉 녹진 바특 되직 질척하다. 재료 농도는 꾸덕꾸덕 고슬고슬 말랑말랑 보송보송 야들야들 바슬바슬하다. 썰기는 얄팍 자잘 두툼 큼직 도톰 동글납작 나박나박 송송 어슷어슷 뚝뚝 썬다. 불의 세기는 뭉근 은근 한소끔 팔팔 뜸 들인다. 끓어오를 때 모양은 멍울멍울 자글자글 바글바글 펄떡펄떡 부풋하다. 재료 손질은 살살 바락바락 살짝 박박 주무르고 치댄다. 만든 음식은 색스럽고 소담하게 담아 고명이나 웃기를 올린다.

 모르는 단어도 있다. 베줌치. 베주머니다. 사전에 줌치는 주머니의 옛말이고 경상도 방언이라고 나온다. 벌써 눈 밝은 핸드백 회사가 상호로 쓰고 있다. 지레김치도 예쁜 말이다. 김장하기 전 조금만 담가서 먹는 김치란다. 어떤 일이 일어나기 전인 지레를 앞에 붙인 것이다. 꿀이나 양념 넣어두는 항아리인 뱃두리, 독 뚜껑이나 그릇으로 쓰는 소래기도 사랑스런 단어다.

 거실에서 배고프다는 소리가 들린다. 요리책 삼매경에 빠져 있느라 시간 가는 줄 몰랐다. 요즘 요리하는 남자가 대세인데 우리 집 남자들은 대세를 따르지 않는다. 외식도 싫어하고 밥은 식당처럼 주문하면 바로 나오는 줄 안다. 세 남자는 응원하는 팀이 밀렸는지 얼간한 야채마냥 축 처져 있다. 기운 팔팔 살아날 요리, 뭐가 있을까?

냉장고를 연다. 북어대가리와 뒤포리로 만들어 놓은 육수가 보인다. 쌈배추와 쇠고기불고기감, 깻잎도 있다. 그렇다면 숙주하고 버섯만 있으면 된다. 슈퍼 심부름은 당연히 작은아들이다. 어느 요리 선생은 음식 할 때 강의한다 생각하면 재미있다고 했다. 나도 그리 해 볼까.

오늘 저녁요리는 '밀푀유나베'입니다. 쉽고 간단하지만 보기 좋고 맛있는 국물요리예요. 글쓰기에서도 제목 좋으면 반은 성공이래요. 밀푀유나베 제목 좋지요? 밀푀유는 천 개의 잎사귀라는 뜻의 프랑스어구요. 나베는 일본어로 냄비라는 뜻이에요. 요리책에 나온 우리말 찾길래 무슨 요리를 하나 했더니 어려운 외래어, 실망이라구요. 지금은 글로벌 시대 퓨전요리가 인기잖아요. 제목만 좋고 내용이 못 따라가는 글도 있는데 이 요리는 제목도 내용도 괜찮다고 할 수 있어요.

자 그럼 만들기 들어갑니다. 냄비 바닥에 숙주를 깔아놓으세요. 쌈배추 위에 깻잎 두 장 마주보게 놓고 쇠고기를 올려요. 쇠고기는 얇은 불고기감이 좋아요. 냄비 높이에 맞게 3등분 정도 세로로 자른 뒤에 가장자리부터 안쪽으로 차곡차곡 세워요. 가운데 공간은 버섯 올려서 장식하면 되요. 색상이 화려하지요. 육수는 야채에서 물이 나오니까 잘박하게 부으면 되구요. 당연히 이것만 건져 먹으면 심심하겠죠. 글쓰기에서도 마지막에 꼭 집어주는 알짬이 있어야 하듯 소스가 있어야 해요. 단맛 나는 스위트칠리소스가 어울려요. 이것도 어려운 외래어죠. 요리 선생 말씀이 또 생각나네요. 모임에 잡채나 해물파전 해놓으면 고수처럼 한마디씩 한답니다. 그런데 처음 듣는 소스로 만들었다고 하면 말이 없다네요. 자, 다 됐어요. 이제 맛볼까요.

  남자들은 텔레비전을 식탁으로 돌려놓고 와서 앉는다. 배고프다고 할 때는 언제고 야구에 눈이 팔려 맛나게 먹지 않는다. "다 졌구만 뭐 더 볼 게 있다고." 혼잣말에 한 남자가 "야구는 9회 말부터야." 한다. 천 개 잎사귀가 거의 없어질 때쯤 경기는 끝났다. 남자들이 애타게 기다리는 한 방은 없었다. 야구든 글이든 한 방이 그리 쉬운가. 남자들은 이제 거실에서는 볼일 없다는 듯 흩어진다. 나도 멀건 국물만 남은 냄비를 들고 일어선다. 슴슴한 휴일 저녁이 국물에 떠다니는 대파조각처럼 지나가고 있다.

우리 동네 슈퍼

우리 아파트 지하상가에 슈퍼마켓이 있다. 얼굴 까만 아저씨와 곱상하고 깔끔한 아주머니가 주인이다. 한때는 아르바이트 아줌마를 두 명이나 둘 정도로 번창했다. 나도 그때는 아이들이 어려 멀리 가지 못하고 슈퍼를 많이 다녔다.

가까운 곳에 백화점이 문을 열었다. 사람들은 온갖 물건이 있는 백화점을 좋아했다. 백화점 버스가 하루종일 돌아다니면서 이 잡듯이 손님을 모조리 실어 날랐다. 전 슈퍼 주인이 미리 알고 자릿세를 많이 받고 넘겼다는 말이 있었다. 알고도 들어왔는지 정말 모르고 들어왔는지는 모르겠다. 얼마 못 버티고 문 닫으리라는 아파트 사람들 예상은 육 년간 빗나가고 있다.

지하에는 슈퍼 외에 여러 가게가 꽉 들어차 있었다. 계단을 내려가면 시끌벅적한 소리와 후끈거리는 열기가 올라왔다. 철물점이 문을 닫고 철수하더니 하나씩 가게가 비기 시작했다. 슈퍼와 식육점, 떡집만 남았다. 지하에 내려가면 퀴퀴한 냄새와 썰렁함이 감돌았다.

그때부터 슈퍼는 변신을 시작했다. 냉장시설을 갖추더니 생선을 팔았다. 손님이 많지 않아 동태만 싱싱할 뿐 다른 생선은 눈이 벌겋고 비리비리했다. 떨이로 많이 준다고 한사코 붙들어 안겨주는 생선을 들고 난감한 적도 있다. 수지가 맞지 않았는지 생선이 사라지고 그 자리에 밑반찬이 채워졌다. 김치를 담가 팔기도 하고 김칫거리를 사면 절여주기도 했다. 요즈음은 김치나 반찬을 사먹으니 잘 될 것 같았다. 그것도 백화점의 화려한 조명 아래 놓여 있는 갖가지 반찬에 밀렸다. 차츰 말라버린 젓갈과 반찬만 진열되어 있어 보기조차 민망스러웠다. 아저씨는 매장 분위기를 바꿔보려는지 진열대 위치를 옮기고 선반을 하얀색으로 칠했다. 그래도 과자 봉지에는 늘 먼지가 쌓여 있어 아저씨가 장갑 낀 손으로 쓱쓱 닦아서 봉지에 담아야 했다.

백화점보다 싸다는 대형 할인매장이 속속 생겼다. 거기다 한술 더 떠 부녀회 알뜰장이 주일에 한 번 단지 안에 서고, 과일장사는 월요일마다 와서 팔고 갔다. 재래시장 살리기니 동네가게 살리기니 하는 바람이 잠시 불었다. 알뜰장과 과일장사가 몇 달 들어오지 않았지만 슬그머니 다시

장이 섰다.

　나도 아이들이 자라자 동네 슈퍼에서 발길을 돌렸다. 어쩌다 두부 한 모나 달걀이 필요할 때만 지하로 내려가 그 동안 못 들린 미안한 마음에 과자까지 덤으로 샀다. 대보름 무렵에는 친정엄마가 말려서 보내준 진짜라고 갖가지 나물을 권하기도 했다. 햇볕 좋은 날 딸 생각하며 호박이며 가지, 고구마순 등을 말렸을 노인이 생각났다. 별로 먹지도 않는 나물을 골고루 한 봉지씩 사기도 했다.

　변신을 거듭하던 아저씨가 사업을 확장했다. '유환천숯불갈비'. 상가 입구에 커다란 굴뚝처럼 세운 간판이다. 지하 빈 가게를 갈빗집으로 고쳤다. 개업식 날 이벤트회사에서 왔는지 아치형 풍선을 달고 꽝꽝거리는 음악소리에 맞춰 아가씨 둘이 몸을 흔들면서 손님을 불렀다. 아저씨 이름 '유환천'이 하루 내내 아가씨들 입에서 오르내렸다. 실내장식에 들어간 돈도 적잖을 것 같았다. 얼마 지나지 않아 복잡한 플래카드가 나붙었다. 갈비탕을 비롯하여 탕이란 탕 종류는 전부, 김치찌개를 비롯하여 찌개 종류는 모조리 써있고 배달도 된다고 적혀 있었다. 가끔씩 밤에 지나다니면서 손님이 있나 식당을 기웃거렸다. 종업원들만 한가운데 앉아서 텔레비전을 보고 있는 날이 더 많았다. 환한 불빛 때문인지 실내는 더욱 쓸쓸해 보였다.

　갈빗집 개업한 지 반 년만에 간판이 또 바뀌었다. '홍길동

해장국'. 택시기사들 점심을 겨냥한 것 같았다. 입구에는 파란 플라스틱 기둥에 해장국이라고 쓴 깃발이 도열해 있었다. 갈빗집 할 때보다는 들고나는 손님이 많았다. 오래도록 공터로 있던 아파트 앞 땅에 건물들이 쭉쭉 올라가고 대형식당들이 들어섰다. 얼마 안 가 다시 해장국에서 '남원추어탕'으로 이름이 바뀌었다. 이번에는 플래카드 대신 빵빵한 공기가 들어 찬 멀대같은 사람이 춤추고 있었다. 공기인형 위로 왠지 자꾸만 울상이 된 슈퍼아저씨 얼굴이 겹쳐졌다.

식당만으로는 안 되겠다 싶었는지 아저씨가 이번에는 정말 슈퍼 변신을 했다. 지하 계단 벽에 우둘투둘한 페인트 그림을 그려 넣기 시작하더니 바닥도 깔끔한 장판으로 다시 깔았다. 슈퍼를 한 쪽 귀퉁이로 옮기고 떡집과 식육점을 제외한 공간을 모두 텄다. 아마 지하 전부를 세로 얻었나 보다. 과연 무엇이 차려질까 궁금했다. 오랜 시간 나른하게 갇혀있던 지하 공기가 활짝 기지개를 켜고 날아다니는 듯 활기가 넘쳤다. 그렇게 해서 실내 골프연습장이 차려졌다. 지금까지 차린 어떤 것보다도 시설비가 많이 들었으리라. '주부환영'이라고 크게 써있지만 아쉽게도 내가 도와주거나 이용해 줄 수 없는 것이다. "회원 많이 늘었어요. 우리도 빨리 가까운 곳으로 이사 와야죠." 골프회원 많으냐고 물어보는 내게 얼굴 가득 웃음 띠면서 아주머니가 한 말이다.

슈퍼 변신을 그만 보고 싶은데 길 건너 공사 중인 건물 벽에

'초대형 실내골프장 입점 확정', 만장처럼 현수막이 내걸렸다.

서재야 고맙다

계약하자고 한다. 꿈인가 생시인가. 낮에 부부가 집 보러 왔다. 남자는 대충 둘러보고 바쁜 일 있다고 먼저 가버렸다. 여자도 마음에 들지 않는지 금세 따라 나갔다. 이번에도 틀렸구나 싶었는데 밤에 연락이 온 것이다.

아파트를 분양받았다. 분양가는 꼭짓점을 찍었고 집값은 하향세로 돌아섰다. 살던 집을 부동산에 내놓았지만 팔리지 않았다. 사는 것이 계산대로 되지 않음을 잠시 잊었던 대가는 컸다. 그동안 집 보러 온 사람들도 우리 집을 사려는 것이 아니고 그냥 구경이나 해 보자는 식이었다. 가격으로 따진다면 서울 소형아파트 전세보다 못하다. 그나마 작은 평수는 신혼부부라도 찾는데 넓은 평수는 찾는 사람이 없단다. 매스컴이나 신문에서는 이웃나라 전례까지 들먹이면서 작은 아파트 인기를 부추겼다. 이제 아파트 평수가 중요하지 않다고 했다. 알려주지 않아도 뼈저리게 체험하고 있는 중이다.

입주가 다가왔지만 집은 팔리지 않았다. 거기다 건설회사까지 부도가 났다. 부도 난 회사에 건의할 사항이 많은지 입주자 대책위원회가 만들어지고 본사와 시청을 방문하여 집회를 한다고 했다. 어깨띠 두르고 주먹 불끈 쥐고 구호 외치는 사람은 딴 세상 사람인 줄 알았는데 알고 보니까 나처럼 평범한 사람이었다. 남들은 관광버스 타고 꽃구경 가는 봄날 내내 나는 전세버스 타고 서울 본사로, 시청 앞으로 다니면서 전경들에게 에워싸여 목청을 돋우어야 했다. 갔다 오면 며칠씩 몸살이 날 정도로 힘들었다.

이 집에서 십 년 넘게 살았다. 중앙공원이 있어 운동하기도 좋다. 길만 건너면 재래시장이고 지하철역도 가깝다. 큰 병원도 옆에 있고 백화점, 대형마트도 곳곳에 있다. 초중고 학교도 지척이다. 이웃들은 언제 보아도 우아한 미소로 인사를 나눈다. 자랑거리가 이렇게 많은 '즐거운 나의 집'이 왜 좋다는 사람 없이 천더기가 되어 버렸을까. 남편은 부동산 쫓아다니면서 재촉 해보란다. 그 말 속에는 태평스럽게 책만 보지 말고, 신문에서 놀러 다닐 곳 스크랩만 하지 말라는 뜻도 은연중에 들어있다. 남편 뜻에 부응하여 부동산 몇 군데를 들러 보았지만 매매계약서 써 본 지가 언제인지 모르겠다는 사장님들 신세 한탄만 들어주고 다녔다. 폐업 직전이라는 말이 엄살만은 아닌지 상가마다 부동산 간판이 줄어들고 있다.
 집 분위기를 바꾸어 보았다. 거실 한쪽에는 요즘 인기 수종이라는 행복나무, 부엌 창틀에는 아이비를 올려놓았다. 겨우내 습기로 얼룩진 베란다는 페인트를 새로 칠했다. 밖으로 나와 있던 살림은 수납장 속으로 집어넣었다. 한결 집안이 깨끗해졌다. 문제는 서재였다. 이사 오면서 꼭 갖고 싶던 방, 서재를 꾸몄다. 벽 한 면과 베란다에 책장을 짜 넣었다. 책상도 마련하였다. 완벽한 서재가 되었는데 겨울에는 난방비 아끼려 문 닫아 놓고, 여름에는 서향이어서 덥다고 들어가지 않아 서재 구실은 해보지 못했다. 차츰 이것저것 들여놓다 보니까 서재는 어느덧 창고가 되어버렸다. 거기다 책이 많아지면서 책장도 복잡해졌다. 책이라면 고개를 흔드는 남편은 버릴 책은 깨끗이 버리라고 했다. 특히 베란다에 있는 오래된 책은 남편이 폐휴지로 버려 버리고 싶은 것이다. 남편의 지청구가 아니더라도 이제는 도서관을 애용하여 더 이상 책이 늘어나지 않는다. 집 보러 오는 사람들은 서재만 보면 남편이 무엇을 하는 사람인지 물어보았다. 책장 가져왔던 사람도 지레짐작으로 남편이 선생이려니 넘겨짚었다. 아무도 너부데데한 내가 책 주인이라고는 생각하지 않는다. 얼굴만 보면 나보다 남편이 책 읽게 생겼나 보다.
 한달음에 부동산으로 달려갔다. 낮에 왔던 부부가 깔끔한 수표 한 장으로 계약금을 준비하고 앉아 있었다. 무던히 애

먹이더니 이렇게 쉽게 팔리기도 하는구나 싶어 절이라도 하고 싶었다. 남자는 책이 있어 좋았다고 했다. 특히 베란다에 있는 오래된 책이 마음에 들었단다. 우리 아파트 앞에 있는 도서관도 알고 있었다. 시립도서관에서 주는 다독왕 상을 받은 사람이었다. 남자는 서재 갖는 것이 오랜 꿈이었단다. 남편을 바라보면서 책 좋아하는 분 집을 사게 되어서 영광이라고 했다. 남자는 책은 많이 읽었지만 사람 보는 눈은 젬병이었다. 남편은 미소를 머금으면서 내 허락도 없이 베란다 책장은 놓고 간다고 인심 썼다. 내가 옆에 없었으면 책까지 다 준다고 했을지 모른다. 허나 집이 팔리는 마당인데 서재 주인이 조금 참기로 했다.

  이야기 중에도 계약서에 일사천리로 도장은 꾹꾹 찍히고 있었다.

뿌리오 할머니의 겨울나기
며늘아기 수능 보기
아버지의 편지
지금이라면
싱거 미싱
내 안에 있는 그대
열녀각 앞에서
석화의 반란
고삐 풀린 말
초코를 찾습니다.

뿌리오 할머니의 겨울나기

 올겨울은 눈이 많이 온다. 추우니까 녹지는 않고 계속 쌓인다. 아들은 넘어지면 큰일 난다고 문밖 출입을 못하게 한다. 나가봐야 동네 고샅을 돌거나 노인정 가는 게 고작이다. 눈 온 뒤로는 그도 못하고 집에 갇혀있다. 이제는 노인정 오는 늙은이도 많지 않다. 이삼 년 사이로 앞서거니 뒤서거니 거의 가버렸다.

 노인정으로 음식 들고 다니던 때가 언제였나 싶다. 나는 나눠 먹기를 좋아한다. 그것 때문에 아들하고 티격태격했지만 젊어서부터 해온 터라 이제 와서 고칠 수도 없다. 무엇이든지 집에 있으면 쫙 뿌려버린다고 아들은 나보고 뿌리오 할매라고 한다. 아들은 내게 여러 가지 별명을 붙여주었는데 '뿌리오 할매'는 듣기에 싫지 않다. 흉보면서 배운다고 이제는 며느리도 나 못지않은 뿌리오 며느리가 되었다.

 방에 누워 있다 나왔더니 아무도 없다. 마당에 있는 '문지'도 심심한지 엎어져 자고 있다. 썰매 끄는 개라고 덩치가 송아지만하다. 사람 보고도 짖지 않고 밥만 축내고 있는 꼴이 밉광스러워 "이런 멍충이."하면서 지팡이로 한 번씩 옆구리를 건드렸는데, 어느 날 이빨을 드러내면서 으르렁거리는 바람에 낙장거리 할 뻔했다. 늙은이라고 무시하나 싶어 지팡이로 콱 때려주려고 했는데 무섬증이 들어 그냥 돌아섰다. 그 뒤로는 못 본 척 해버린다.

 아들 며느리는 문지한테 지극정성이다. 어깨에다 앞다리 두 개를 턱 올리고 있어도 아들은 뭐가 그리 좋은지 오지게 웃기만 한다. 이틀 걸러 운동 시킨다고 문지를 데리고 나가는데 아들 트럭 옆으로 따라 다니면서 산지사방으로 뛰어다니다 오는 것 같다. 아들이 없을 때는 며느리가 "오늘은 조금만 돌다 와라."하면 말귀를 알아듣는지 나가서 금방 들어온다. 아들 며느리가 문지한테 잘해 주면 심통이 난다. 한번씩 "문지한테 한 것 반만 에미한테 하면 효자 소리 들을 것이다. 에미도 집안에서 심심해 죽겠다."하고 퍼붓는다.

 손자가 쓰던 방으로 들어가 본다. 딸 둘 낳고 늦둥이로 본 손자여서 영감도 나도 무던히 귀애하였다. 이놈이 서울에 있는 대학에 들어가더니 지난봄에 군대에 갔다. 컴퓨터 옆에 군복 입고 찍은 손자 사진이 있다. "할머니 보라고 찍어 왔냐."

했더니 그랬단다. 내 방 텔레비전 옆에 놓고 눈만 뜨면 들여다보고 말도 하고 쓰다듬기도 하는데, 아들은 사진을 몰래 여기다 갖다 놓는다. 샘나서 그런가 싶었는데 아들 말이 군에서 죽으면 영정으로 쓰려고 찍은 사진이란다. 참말인지 모르지만 아무리 나라를 지키러 갔다지만 어찌 이런 몹쓸 사진을 찍었을까. 이런 것은 나 같은 늙은이나 준비하는 거지. 그걸 찍을 때 이놈 맘이 어땠을까 싶으면 짠하다. 곧 휴가 온다고 했으니 며칠만 있으면 보겠지. 내 강아지새끼, 어쩌든지 몸 성히 있다 와야 한다.

건너다보이는 동서네 집 마루에 햇볕이 쨍쨍하다. 한때는 동네 한가운데 덩실하게 자리 잡은 기와집이었는데 사람 훈기가 없어지니까 사랑채 벽에 금이 가고 헛간은 내려앉았다. 동서도 지난여름 세상을 떴다. 구십 넘긴 지질한 일생을 함께했던 동서다. 눈 오기 전까지는 날마다 가서 집도 둘러보고 마루에 앉아있다 왔다. 그나저나 눈 온 뒤로는 밖에 나가면 안 된다고 꼼짝 못하게 아들 며느리가 번갈아 나를 지키더니 오늘은 어디 갔을까. 지팡이 짚고 살살 걸어가서 저 햇볕 드는 마루에 쪼금만 앉아있다 와야겠다.

그날, 엄마는 눈길에 넘어져 고관절 수술을 하셨다. 병원에 오래 계시게 되자 간병인을 썼다. "자식이 몇인디 사람을 쓴다냐." 노발대발하시더니 한나절 뒤에 "자기 부모도 아닌디 이렇게 잘해 준다냐. 내가 집에 가면 쌀 한 가마 꼭 줄란다."하셨다. 뿌리오 할매의 특기를 유감없이 발휘하여 간병인과 친해졌다.

"엄마, 문지 안 보고 싶소? 나는 문지 보고 싶으니까 집에 갔다 올라요."

"개새끼가 지 에미보다 귀한갑다."

"엄마, 꿈에 아부지 보이요? 아부지가 같이 가자고 해도 따라가지 마요."

"보긴 보이드라. 그란디 느그들하고 오래오래 살다오라고 하드라."

모자가 병실에서 나누는 대화다. 엄마 뜻 다 받들면서 친구처럼 평생 함께 산 오빠다. 엄마가 혹 누워 계시더라도 혼자 모시리라 생각했다는 오빠. 엄마와 오빠 이야기를 듣고 있으면 웃음이 나오다가도 한편으로는 숙연해진다.

며늘아기 수능 보기

　우리 가족은 다 합하면 50명이 넘는다. 전국에 흩어져 살고 있으니 만나기가 쉽지 않다. 일 년에 두 번 성묘 때와 엄마 생신에 모인다. 이제 엄마는 안 계시지만 생신 무렵에 모임을 계속 하기로 했다. 이번에는 성묘하려고 산소 가까운 곳에 모여 하룻밤을 보냈다.
　우리 가족은 새 식구가 들어오면 '가족 수능'을 치른다. 모인 김에 얼마 전 결혼한 막내오빠네 며느리 수능을 보기로 했다. 가족에 관계된 문제를 내고 맞히면 상금, 틀리면 벌칙을 준다. 그동안 수험생을 보면 예상문제 만들어 열심히 공부 해 온 며느리도, 가족 카페에 들어가서 독학 한 사위도 있었다. 공부 안하고 그냥 와서 임기응변으로 넘기려는 배짱 두둑한 수험생도 있었다. 주인공 부부를 상석에 모시고 빙 둘러 앉았다. 문제 생각하랴 상금 준비하랴 모두 바쁘다. 밥 먹으면서도 시어머니와 신랑에게 족집게 과외 받던 새댁은 얼굴이 상기되었다. 만년 사회자인 언니가 새댁 긴장을 풀어줄 요량인지 페트병을 두드리면서 방을 한 바퀴 돈다.

셋째오빠가 첫 질문자로 나선다. 가족 카페에서 쓰는 아이디를 맞추면 만 원, 뜻까지 알면 삼만 원이란다. 처음인데 사기도 북돋워 줄 겸 상금을 오만 원으로 올리라고 해도 퇴직자라 쫀쫀할 수밖에 없다고 한다. 새댁은 아이디 '쌀밥만기'만 맞추었다. 어렸을 때 쌀밥 많이 달라고 해서 붙은 별명 뜻까지는 몰랐다. 상금 만 원. 옆에서 바구니 하나 들고 재산 관리에 나선 신랑이 안타까워한다.

큰올케는 내일 세 곳 성묘 가는데 어디어디인지 누구 산소인지 아느냐고 물었다. 상금 오만 원이 걸려 있어 신랑은 알려주려고 애쓴다. 하지만 고조할머니 산소를 맞추지 못하여 삼만 원을 받았다. 둘째올케는 쉬운 문제 내겠다고 하면서 며느리가 둘인데 이름을 말해보란다. 둘째올케는 쉽지만 새댁은 결코 쉽지 않은 문제다. 얼버무리고 있는 새댁에게 그럼 손주들 이름은 아느냐고 한다. 새댁은 이도 어려운 문제다. 시험에 들어있는 며느리에게 용돈을 주고 싶었는지 막내오빠가 일어나 정말 어려운 걸 묻겠다면서 거금 십만 원을 걸었다. 무슨 문제일까 하고 잔뜩 기대하는데 시아버지와 시어머니 성이 무엇이냐고 묻는다. 야유가 쏟아졌지만 새댁은 고개를 갸우뚱갸

우뚱하더니 겨우 알아냈다는 듯 조심스럽게 답을 말한다.

둘째오빠네 큰아들이 사촌형제가 모두 몇 명인가 묻는다. 사촌들 대장다운 질문이다. "열여섯 명." "땡. 다시 한 번 생각해보세요." 새댁은 열심히 손가락셈을 하더니 "열일곱 명!"을 외친다. 정답이다. 다른 조카가 사촌 중 제일 막내는 누구며 직업은 무엇이냐고 물었다. 우리 작은아들이다. 새댁은 나이만 맞추지 못했다. 해마다 바뀌는 아들 나이는 나도 헷갈리는데 새댁이 모르는 건 당연하다. 우리 아들 나이까지 정확하게 알고 있고 문제까지 내 준 조카가 고마워 불법으로 내가 상금을 주었다.

작년 수험생이었던 셋째오빠네 며느리가 할머니 성함을 물었다. 새댁은 얼른 대답을 한다. 그럼 한문으로는 어떻게 쓰느냐고 다시 묻는다. 할머니께 받았던 질문이었고 할머니는 아명까지 물어보셨단다. 새댁은 물론 답을 못한다. 벌로 노래를 시킨다. 신랑까지 일어나서 응원 해 보지만 노래를 못한다고 울상이다. 조카들이 "뽀뽀 해, 뽀뽀 해."를 외친다. 새댁이 신랑 볼에 살짝 뽀뽀를 하고 앉는다. 우리는 문제 낸 사람이 대신 노래를 부르라고 한다. 조카며느리는 기다렸다는 듯 주저 없이 물병을 마이크 삼아 〈남행열차〉를 탄다. 차세대 사회자로 주목받은 새 인물 탄생이다.

조카사위 문서방이 1세대 며느리들 중 고향이 육지인 분은 누군가 물었다. 자신이 시험 볼 때 나온 문제였는데 이것만 틀렸단다. 문서방은 99점 받은 수험생이었다. 가족 카페 들어가서 지난 이야기들 읽으면서 공부한 실력이 대단했다. 식구들 이름과 아이디는 물론이고, 별명에 얽힌 이야기, 사촌들 직업까지 척척박사였다. 거기다 시험 보기 전에 장미꽃 한 다발을 가져와 노래 부르면서 여자들에게 한 송이씩 선사해서 즐거움을 주었다. 물론 그때 받은 상금 액수도 지금까지 1위를 지키고 있다. 여기저기서 누가 육지사람 같은지 교란작전을 펴느라 난리가 났다. 갑자기 사투리에서 표준말을 쓰기도 하고 얼굴 깨끗하면 육지사람이니까 잘 보라고도 한다. 새댁은 눈치껏 찍기를 해 보지만 틀렸다. 올케 여섯 명 중 큰올케만 고향이 육지다.

  돈 바구니가 두둑해졌다. 신랑은 돈을 신나게 세고 있다. 사회 본 언니가 가만히 있을 리 없다. 수고비를 요구한다. 순진한 새댁이 사임당을 상납하려하자 신랑이 세종대왕 두 장으로 입막음 한다. 마지막으로 새댁 소감 듣는 시간이다. 가족에 대해 많이 알게 되었고 문제 출제할 다음 수능이 기다려진단다.

  며늘아기야, 우리 모두 너를 환영한다.

아버지의 편지

안방 문갑 속에 오래된 편지들이 있다. 아버지에게서 받은 편지다. 지금은 인터넷 시대여서 편지가 귀하다. 나도 손편지를 언제 써 봤나 싶다. 가끔씩 아버지 생각날 때 아껴둔 보석 꺼내 보듯 하나씩 꺼내 본다.

아버지는 편지를 잘 쓰셨다. 나는 중학교 다닐 때까지 아버지 편지를 도맡아 대필했다. 서울 사는 아들 며느리에게, 도시에서 공부하는 자식에게 모든 소식을 편지로 전했다. 아버지가 얘기하듯 불러 주면 방바닥에 엎드려서 받아 적었다. 한참 쓰다가 "한번 읽어봐라." 하셨다. 틀린 곳 고치고 이야기를 더 넣기도 했다. 어머니는 어스레한 호야등 옆에서 해진 옷이나 구멍 난 양말을 꿰매면서 무슨 말 하나 듣고 있다 혼잣말처럼 하고 싶은 말을 보태셨다. 그러면 아버지가 알아서 다시 불러

주셨다. 맞춤법이나 띄어쓰기 엉망인 편지를 언니 오빠들은 읽었을 것이다.

나도 도시로 진학했다. 그때부터 우리 모두 아버지가 손수 쓰신 편지를 받았다. 처음에는 아버지 필체가 익숙지 않아 읽기 힘들었다. 약자로 쓴 한문까지 섞여 있어 두세 번 보아야 뜻풀이가 되었다.

직장을 다녔다. 고향에서 먼 곳이었다. 거기서 아버지 편지를 많이 받았다. 그만그만한 조카들 재롱, 객지에 있는 막내딸에 대한 안쓰러움, 직장생활에 대한 예의와 몸가짐 등에 대한 염려가 절절히 전해졌다. 아버지가 늘 곁에서 함께 하고 있다는 생각이 들 정도였다. 외롭고 힘들 때도 많았지만 아버지 편지를 마음껏 받아 보던 날들이었다.

결혼을 했다. 짝 맞어 주어서 한층 마음이 놓였는지 뜸하게 소식을 주셨다. 이때 편지가 문갑 속에 있다. 누렇게 빛바랜 종이가 대부분이지만 칸 맞추어 쓴 원고지는 아직도 흰빛 그대로다. 거기에는 결혼하여 아버지가 돌아가실 때까지 8년 간 내 결혼생활이 고스란히 담겨있다.

    막내딸아
    不必多言하고 要幸의 極致로구나.
    高官이면 무엇하고 社長이면 무엇할까. 사람이 기쁠 때에 感激의 눈물이 나온다는 것을 이번에 처음 체험하얏다. 그 동안 마음 고생 이제 모두 안개 걷듯 거치고 明快한 햇빛이 빛이는구나. 아기자기하고 多情한 막내 항상 안쓰런 마음으로 보고싶다.

父書

뒤늦게 정식으로 順産 得男을 祝賀한다.
 반가움과 祝福의 표현을 마음대로 안된 자신의 천학을 아쉽게 여긴다. 마음으로는 가서 보고 싶은 마음 간절하나 굴신을 마음대로 못한 로환 엇쩔수 업다. 이해하여주라. 건강이 어느 정도 유지되어 귀여운 아희와 對面할 기회가 있을지. 이제 바라든 큰 일들이 成就되였으니 고통업시 조용히 잠드렀으면 한다. 내딸 미아 장하다.

老患親父書

첫아이 생겼을 때와 낳은 후에 받은 편지다.
 결혼 후 3년 간 아이가 없었다. 병원에 다녔지만 잘 되질 않았다. 그러다 아이가 생겼을 때 아버지는 생전 믿지 않는 하느님 삼신할머니 조왕신까지 운운하면서 기뻐하셨다. 큰아이 낳았을 때 덩실덩실 춤까지 추셨단다. 그 해 설날, 한 달 된 아들을 데리고 친정에 갔다. 포대기에 싸여있는 아이를 들여다보면서 "거 참 묘하다. 묘하다."를 수없이 뇌시던 아버지 모습이 생생하다.
 새 아파트로 이사했다. 아버지는 새 집에 한번도 오지 못하셨지만 지도 보고 어디쯤 있는지 집 구조는 어떻게 생겼는지 훤히 아셨다. 아파트 살 때 은행 융자를 받았다. 아마 내가 돈 걱정을 했나 보다. 사람은 돈이 전부가 아니다. 이제 집도 장만했으니 욕심 부리지 말고 아이 잘 키우고 남편 건강 챙기라는 편지가 있다.

둘째 낳았을 무렵 편지에는 기쁨보다 우려의 빛이 있다. 아이 없던 내가 아들을 둘씩이나 낳았으니 아버지 기쁨이 절정에 달하셨을 때다. 아버지는 복이 넘칠 것 같았는지 모든 일에 자중하고 감사하는 마음을 가지라고 당부하셨다. 아버지는 둘째 돌 지난 다음해 돌아가셨다.

빛 고운 놀을 보다가도, 아버지가 즐겨 마시던 커피를 마시다가도, 가끔씩은 정말 가끔씩은 아버지에게 긴 편지를 쓰고 싶다.

지금이라면

'익산'하면 호남선 기차 타고 가다 지나가는 역쯤으로 생각했다. 혹은 윤흥길의 소설 무대가 되는 곳쯤으로 다가왔다. 이제는 익산이라는 말만 나오면 귀가 번쩍 뜨인다. 아버지 산소가 있기 때문이다.

좋아하시던 커피 한 잔을 올린다. 그 옆으로 첫 수필집을 놓아 드렸다. 생존해 계시면 "내 딸 장하다." 하면서 어깨춤이라도 추셨을 것이다. 작년 한식에 아버지 묘를 이장했다. 엄마는 이장하는 날 공원묘지라는 곳을 처음 보셨다. 엄마 자리까지 옆에다 마련했다고 좋아했는데 이런 곳인 줄 몰랐는지 "아들이 몇인디 이런 데다 애비를 묻는다냐." 하시면서 넉장거리를 하였다. 계단식 묘역과 다닥다닥 붙어 있는 수많은 봉분을 쳐다보기도 싫다는 듯 두 눈을 질끈 감으셨다.

"죽어도 나는 여기 안 묻힐란다."

몽니를 부리셨다.

"그럼 아부지 옆으로는 누가 가요? 엄마는 화장해 드려요?"

"그것은 뜨거운께 싫다."

생전에 아버지도 화장은 싫다고 하셨다.

지금은 화장도 많이 한다. 있던 묘도 파묘해서 날려버리는데 이렇게라도 자식들이 모시니 얼마나 좋은 일이냐. 섬에 산소가 있으면 나중에 누가 거기까지 가겠느냐. 여기 모시면 고향에서도 서울에서도 중간이니 무시로 자식이나 손자들이 지나가다 와 볼 수 있어서 좋지 않겠느냐. 한쪽에서 사촌언니들이 엄마를 달래드렸다.

아버지의 체백體魄 위에 엄마가 흙을 뿌렸다. 자식들도 차례로 흙을 올렸다. 아버지는 10년 세월만큼이나 가물가물 잊혀지려던 모습을 잠깐 보여주시고 다시 묻히셨다. 아버지 새 유택幽宅에 달구질하면서 오빠들은 늘켜 울었다.

"젊어서는 살 날이 아득하더니 살고 보니까 한순간이더라."

아버지가 자주 하시던 말씀이다. 80여 년 세월을 한순간으로 뭉뚱그려버린 말씀을 아직도 이해하지 못한다.

아버지 돌아가셨을 때 생각이 난다. 아버지 건강이 안 좋으니까 한번 내려오라고 연락이 왔다. 큰 병도 아니고 노환으로 기력이 쇠진하여 그렇겠거니 생각했다. 일주일 뒤 시아버지 생신에 내려가니까 그때 가야지 했다.

아버지가 돌아가시던 날 밤, 전화벨이 울렸다. 자정 가까운 시간이었지만 아무 생각 없이 수화기를 들었다.

"막내야, 아부지 금방 가셨다."

언니였다. 언니 통곡을 들으면서도 믿기지 않았다. 막내딸 얼굴도 안보고 가시다니 아버지가 야속했다. 부모가 돌아가실 때는 자식 집에 들러서 둘러본다는데 아버지도 우리 집에 오셨을까? 부모님 가시는 시간에 향 냄새를 맡는다든지 꿈을 꾼다든지 한다는데 내게는 아무 기미도 없었다.

아버지 돌아가신 뒤로는 꿈을 자주 꾸었다. 평소 즐겨 입던 한복차림을 하고 계셨다. "아버지."하고 말이라도 할라치면 바람처럼 휙 지나가셨다. 아이들 키우느라 정신없어서였는지 아니면 아버지 생각하는 마음이 차츰 희미해졌는지 이제는 꿈에서조차 뵐 수 없다.

도시로 나와 고등학교 다닐 때다. 토요일마다 수업이 끝나면 배 타고 집으로 갔다. 아버지는 선창가에서 기다리고 있다 배가 보이면 집으로 들어가 먹을 것을 준비하셨다. 라면이나 국수를 삶아주기도 하고, 여름에는 텃밭에서 따온 토마토를 설탕에 재어주셨다. 일요일 다시 도시로 나올 때는 집에서 아버지께 분명히 인사를 드리는데 배 위에서 보면 허허바다에 서 있는 듯 선창가에 홀로 나와 계셨다.

아버지 뵈러 오라고 할 때 왜 바로 가지 않았을까. 아이들이 어려서? 멀어서? 이유를 대보려 해도 스스로 용서할 수가 없었다. 아버지가 세상을 떠나고 계시는데도 모르고 있었다는 생각이 줄곧 가슴을 쳤다. 지금이라면 한달음에 달려갔을 텐데. 아, 지금이라면 아버지께 뭐든지 다 해 드릴 수 있을 것 같은데.

  그러면 지금, 살아 계신 엄마에게는 잘하고 있는지….

싱거 미싱

친정 옛집에 왔다. 다른 동네로 오빠네가 이사 간 뒤로 비어 있다. 집안을 한번 둘러보려고 했더니 개 짖는 소리가 요란하다. 이웃집에서 대여섯 마리나 되는 개를 우리 빈집에 키우고 있다. 집안이 개똥과 개밥그릇으로 난장판이다. 헛간으로 갔다. 썩은 짚더미 속에 미싱이 박혀 있다. 머리 따로, 'SINGER'라고 쓰인 다리 따로인 채로.

어렸을 적에 미싱은 대청 한 쪽을 당당히 차지하고 있었다. 미싱은 가을걷이 후 쟁일 곡식이 많아지면 옆으로 살짝 비켜났다. 겨울에 바느질감이 많으면 방으로 옮겨졌다. 엄마는 쓰고 나면 실오라기 하나 없이 털고 마른걸레로 꼼꼼히 닦았다. 빽빽하다 싶으면 여기저기 뚫린 구멍에 기름도 넣어 주고 애지중지 다루었다. 나는 엄마가 들일 나가지 않고 미싱에 앉아 바느질하는 날이 좋았다. 드르륵드르륵거리는 소리를 들으면서 엄마가 인심 쓰듯 쥐어주는 천 조각을 가지고 놀았다. 그러다 어느새 그 위에 엎드려 겉잠이 들기도 했다.

집안에 초상이 나면 우리 집 미싱 앞에 여럿이 모였다. 손재봉틀보다 열 배는 빠르다는 미싱으로 누런 옷을 만들었다. 미싱을 쓰지 않을 때는 다리바퀴에 연결되어 있는 고무벨트를 풀어 머리를 접어 넣고 뚜껑을 덮었다. 그러면 발판을 밟아도 바늘이 움직이지 않고 헛바퀴만 돌았다. 의자에 앉아 발판 위에 발을 나란히 올리고 돌리기도 하고 앞뒤로 비껴나게 해서 돌려보기도 했다. 미싱은 좋은 놀잇감이었다.

가끔 미싱 대가리가 없어질 때가 있었다. 엄마가 떼어서 빤한 집안 어디다 감춘 것이다. 며칠 있으면 모르는 사람 두셋이 와서 여기저기 뒤졌다. 누룩 숨긴 다락방도 올라가고, 정지간 나뭇단도 들썩여보고, 나락광을 막대기로 쑥쑥 쑤시기도 했다. 어디서 찾아냈는지 누군가 손에 시키면 미싱 대가리가 들리면 볼일 다 보았다는 듯 미련 없이 떠났다. 엄마는 무슨 잘못을 했는지 한마디도 못하고 덤벼들어 빼앗지도 못했다. 한숨만 쉬면서 머릿수건으로 얼굴만 문질렀다. 한번씩 그러고 나면 미싱 의자에 앉아 놀기가 두려웠다. 조금 멀리하고 있다 보면 언제 다시 돌아왔는지 제자리로 와 있었다. "은제 빚 없이 살아보끄나." 엄마 입에 이 말이 달려 있던 때였다. 엄마는 빚이 얼마나 무서웠는지 "알바늘 그대로 꽂아 노면 평생 빚 속에서 허덕인다."고 했다. 우리들은 얼토당토 않는 말이라고 하면서도 바늘에 꼭 실을 꿰어 놓았다.

조금 커서 소설을 읽다보니 미싱에 대한 이야기가 많이 나왔다. 전쟁 중에도 아기를 등에 업고 여인네들이 재봉틀을 머리에 이고 피난 갔다. 또 동생들 학비를 벌기 위해 이 땅의 언니 누나들이 밤새 눈 비비며 돌렸던 봉제공장 재봉틀도 있었다.

한 식구 못지않게 대접 받던 미싱이 언제부터인가 차츰 뒷방신세가 되어갔다. 우리 집에서도 재산목록 1호였는데 뚜껑 열리는 날이 갈수록 적어졌다. 반지르르 윤이 흐르던 기름구멍에 끈적한 먼지가 달라붙었다. 뚜껑도 귀퉁이가 떨어져나가고 벨트도 끊어져 굵은 실로 간신히 연결해 놓았다.

나는 방학 때 집에 가면 습관처럼 미싱 옆에서 놀았다. 책상 삼아 책을 보기도 하고 자투리 천을 잇대어 조각보와 방석커버도 만들었다. 치마를 바지로 만든다고 엉터리로 고치기도 하고, 헌옷은 무조건 잘라서 이상하게 만들어 버리기도 했다. 이런 내게 엄마가 밀린 바느질감을 하나씩 들이밀었다. 눈이 어두워 바늘귀를 꿸 수가 없어 혼자서는 바느질을 못 하실 때다. 어릴 적 내가 미싱 소리 들으면서 엄마 옆에서 놀았듯이 이제는 엄마가 묻지도 않은 말을 조곤조곤 하면서 바느질감을 되작이셨다. "여자 살림으로는 틀이 최고다. 시상이 아무리 좋아져도 틀은 있어야제. 니 시집 가면 틀은 꼭 해 줄란다." 지금 세상에 누가 재봉틀 해 가냐고 시큰둥한 내게 틀 타령을 하셨다. 다짐과는 달리 결혼할 때 엄마는 틀을 사주지 않았다. 아이들 키우면서 가끔씩 손바느질 할 일이 있었다. 그럴 때면 집에 있던 미싱이 잠시 생각나고는 했다.

짚더미 속에 칠이 다 벗겨진 채로 처박혀 있는 미싱을 들어 보려다 포기했다. 아주 자리 잡았는지 꿈쩍도 하지 않았다. 이렇게 무거운 것을 가슴에 끌어안고 황황히 어디론가 숨기러 가시던 엄마 뒷모습이 떠올랐다.

"엄마, 옛날에 미싱 어디다 감추고 누가 와서 가져가고 그랬잖아. 그때 왜 그랬어요?"

"미싱 대가리를 감추긴 어따 감춰야. 생전에 읎던 일인께 나는 모르것다."

기억하고 싶지 않으신 걸까. 아니면 내 기억이 잘못 된 걸까.

내 안에 있는 그대

 그대와 처음 만났을 때가 언제였는지요. 요즈음은 엊그제 일도 가물가물하니 어찌 몇 년 전 일을 기억해 내겠습니까만 5월 어느 날이었을 겁니다. 아파트 담장에 피어 있던 줄장미는 또렷하게 떠오르니까요. 또 있어요. 봄 가뭄으로 산불이 자주 일어났었지요. 그대를 생각하면 먼저 빨간색이 떠오르고는 했는데 산불 때문이 아니었나 싶습니다.

 사십 넘기고 불현듯 그대를 만났습니다. 모든 것에 뜨겁게 빠져들 나이는 아닌데 무슨 열정이 그리 많았는지요. 연애 한 번 해보지 못하고 결혼한 내게 열애를 알려주기라도 하려는 듯, 그대는 하루 내내 날 떠나려하지 않더이다. 처음에는 '이러다 가겠지. 익숙해지려하면 아마 떠날 거야.' 생각했습니다. 쉬 달궈졌으니 쉬 식을 줄 알았지요. 그대는 내가 마음에 들었나

봅니다. 떠날 생각을 하지 않은 걸 보면요.

아무런 낌새 없이 홀연히 찾아와 얼마나 당황했는지요. 아니지요. 수많은 예고를 했는지도 모릅니다. 이런 이야기가 있지요. 염라대왕을 만난 노인네가 억울한 듯 따졌답니다.

"데려오려면 미리 알려줘야지 이렇게 불쑥 데려오는 법이 어디 있느냐?"

염라대왕이 이랬다지요.

"머리 희고, 귀 어둡고, 눈 침침하면 됐지. 얼마나 더 알려줘야 하느냐?"

그래요. 눈치 없어서 그대가 곁에서 서성거려도 알아차리지 못했겠지요.

배롱나무 꽃이 한창이던 여름이었지요. 내 안에 들어와 버린 그대가 미워지기 시작한 때가요. 결국 두 계절을 넘기지 못하고 삐거덕거리는 사이가 되어버렸네요. 모든 걸 지글지글 태워 버릴 듯한 땡볕 때문이었을까요. 이미 그때쯤에는 그대의 진면목이 밝혀진 뒤였습니다.

그대를 보내고 싶었습니다. 알아서 가주지 않으니 떼어 내려했지요. 조강지처 대신 안방 차지하고 있는 첩년 내쫓듯 매몰차게 쫓아버리고 싶었습니다. 운동하면 좋다기에 밤중에 팔 휘휘 저으면서 걸어 다녔습니다. 좋다는 약재도 끓여 먹었습니다. 약물이 누렇게 들어버린 컵에 물을 따라 마시면 "내가 그리 녹록해 보이나요? 냉수 먹고 속 차리세요." 그대가 속삭

이는 듯했지요. 그대는 투미한 나를 비웃기라도 하듯 꿈쩍도 하지 않았지요. 차츰 지쳐갔습니다.

그대는 내 안 어디에 있나요? 가슴 저 밑, 아니면 목덜미인가요. 아니 새끼발가락 끝에 달랑 붙어있다 불쑥 나타난 듯도 하구요. 작은 불씨 하나가 서서히 밀고 올라오다 홧홧한 기운이 후끈 퍼지면서 잉걸불이 되어 순식간에 땀을 쭉 빼놓지요. 그러다 다시 땀이 식으면 한기가 들어 춥습니다. 미친년 널뛰듯 한 그대 때문에 여름과 겨울을 왔다갔다합니다.

그대는 시도 때도 없이 내 안에서 뛰놉니다. 혼자 집에 있을 때는 그나마 봐줄만 하지요. 보는 사람이 없으니 그대의 장단에 맞추어 옷을 벗었다 입었다 놀아 주기만 하면 되니까요. 번호 누르고 들어오는 현관문 때문에 가끔씩 남편과 아이들에게 들키기도 하지만 그 정도가 대숩니까. 청소하다, 혹은 빨래하다 더워서 그렇겠거니 하겠지요. 외출할 때면 그대를 꽁꽁 묶어두고 싶습니다. 좀 점잖은 자리에 갈 때가 더 문제지요. 마음대로 옷 벗을 수 있나요, 다들 춥다고 웅크리는데 덥다고 부채질 할 수 있나요. 이미 내 안에 들어와 버린 그대와 이러면 안 되지 생각하면서도 술 한 잔 마신 듯 벌건 얼굴로 '어디 너 두고 보자.' 칼만 갈 뿐이지요. 밤에 잘 때는 어떻구요. 이불 벗었다 덮었다 방문 열었다 닫았다 오두방정을 떨지요. 밤새 그대와 실랑이하다 지쳐버립니다.

엄마가 생각납니다. 가슴 풀어 헤치면서 옷으로 훌훌 부채질하셨지요. 나는 다음에 저러지 말아야지 다짐했습니다. 친구 엄마처럼 잘잘 끌리는 홈드레스 입고 쥘부채로 땀을 식히리라 생각했습니다. 나이 들면서 우아해지고 싶은 바람은 그대 때문에 물거품이 되어 버렸네요.

"오매 오매 이 속에는 뭣이 들어서 이렇게 벌떡증이 나끄나."

그렇습니다. 그것의 이름은 벌떡증이었습니다. 옛날에 우리 엄마는 어쩜 이리도 딱 어울리는 이름을 지었을까요.

며칠 전 엄마가 오셨습니다. 열린 창문은 죄다 춥다고 닫으십니다. 엄마 속에서 옷 벗어부치게 만들었던 열기는 어디로 갔을까요. 무릎 속으로 허리 속으로 녹아들어버렸을까요. 그대와 나도 한 30년쯤 함께하다 보면 그렇게 스며들어 없어져 버릴까요.

다시 봄입니다. 건조한 봄철에 산불이 많이 난다지요. 내 안이 메말라 그대도 불 지피면서 오래 살고 있는지요. 하지만 이제 그대 보듬어 안고 토닥이면서 함께 가렵니다.

열녀각 앞에서

효부 경주 김씨는 월촌月村 최양호崔亮鎬 선생의 조모가 되는 분이시다. 김씨는 품성이 어질고 덕성스러웠으며 윗분을 잘 모시고 아랫사람에게는 지극히 자상한 분이셨다. 남편(전주 최씨)이 23세 때 병이 나자 정성스럽게 간호하였으나 효험이 없자 손가락을 잘라 피를 입에 흘려 넣어 소생케 하였다. 그러나 결국 남편은 운명하였다. - 중략

그 후 김씨는 자식(유복자)을 훌륭히 양육하고 교육시켰으며 조상들을 정성스러이 받들었고 부지런히 일하여 집안을 일으켰다. 이후 최씨 가문은 크게 번창하였다. 김씨는 천수 99세까지 장수하다가 별세하였다. 지방민들은 김씨를 무안 향교鄕校로 추천하였고 호남 향교와 성균관까지 상신되었던 바 열녀로서의 교지가 내려졌다. 최양호

등 후손들은 1943년에 열녀각을 세우고 후세의 귀감이
되도록 하였다.
—1995년에 만든 재경팔금향우회 책자 중에서

고조할머니 이야기다. 열녀각할머니, 산소가 호박산好朴山에 있어서 호박산할머니라고 불렸다. 남편이 죽자 뱃속에 있던 아이가 아들이면 살고 딸이면 같이 죽는다고 하셨단다. 다행히 아들을 낳아 목숨을 부지하고 키우셨는데 그분이 우리 증조할아버지다. 열녀각할머니는 겨울에도 차가운 물로 몸을 씻고, 인분으로 기른 채소는 입에 대지도 않을 정도로 정갈하셨단다. 남의 집에 일 하러 갈 때는 옷고름에 소금을 싸 가지고 가서 밥을 드셨다고 한다.

지금 열녀각 앞에 섰다. 금방 떨어져 나갈 듯 엉성하게 달려 있는 문을 밀고 들어선다. 오석으로 만든 비석을 만지니 냉기가 섬뜩하다. 열녀각은 큰집이 있는 마을 어귀에 있다. 지금은 오빠네도 이 마을로 이사를 왔다. 예전에는 학교 가는 길이나 큰집에 갈 때면 지나가야 했다. 어려서는 열녀각 주변으로 나무가 우거져 있어서 무서웠다. 혼자 갈 때는 고개를 외로 틀고 얼른 지나쳤다. 엄마와 함께 가면 그냥 지나는 법이 없었다. 손잡고 들어가 고개를 숙이기도 하고 할머니가 있기라도 하는 듯이 웅얼웅얼 집안일을 말하기도 했다. 할머니는 엄마 시집 와서도 정정하니 오 년을 더 사셨는데 엄마 보고 키가 늘쩡해

애 잘 낳겠다고 좋아하셨단다. 엄마 치맛자락을 잡고 빼꼼히 넘겨다보면 꼭 비석 뒤에서 꼬장꼬장한 할머니가 나올 것 같았다. 그런데 자주 드나들다 보니 차츰 무서움이 없어졌다. 학교 파하고 걸어오다가 힘들면 들어가서 쉬기도 하고 친구들과 열녀각 안에서 소꿉놀이도 했다. 어쩌다가 한 번씩은 여기저기 떨어진 새똥을 엄마처럼 빗자루로 쓱쓱 치우기도 했다.

객지생활 하면서 집에 가면 자연스럽게 열녀각으로 발걸음이 먼저 옮겨졌다. 빼곡하니 숲을 이루던 나무들도 차츰 성글어지고 새소리도 줄어들었다. 파들했던 기왓장도 희끄무레해지고 현란했던 단청도 색이 바랬다. 그래서 한결 더 편안해진 걸까. 비석 앞에 서기만 하면 예전에 엄마가 그랬듯이 할머니에게 나도 모르게 속엣말을 하고는 했다. 힘든 일도 억울했던 일도 다 들어주고 풀어줄 것 같은 미더움이 느껴졌다.

집안에 새 식구가 들어오면 제일 먼저 열녀각으로 데려 가서 인사시켰다. 손자라도 낳아서 안고 오면 "누구 새끼요. 할무니가 잘 돌봐 주쏘."하고 큰소리로 고했다. 유복자로 간신히 이어진 집안이었으니 자손 번성이 제일 큰 자랑거리였다.

열녀각 문을 여며 닫고 밖으로 나왔다. 한겨울인데 계절과 어울리지 않는 엉겅퀴꽃이 돌계단 주변에 제철인 양 꼿꼿하게 피어있다. 노지 갓도 청청한 잎을 쫙 벌리고 자라고 있다. 울울하던 나무들은 오간 데 없이 사라졌다.

"이놈의 색깔은 은제나 입힐랑가 모르겄다."

엄마가 옆에 와 계신다. 노여움이 묻어 있는 목소리다. 작년 봄에 지붕 기와는 새로 올렸다. 까만 기와를 이고 있는 열녀각은 머리만 검정색으로 염색한 촌로 같다. 단청은 쉽지 않은 일이다. 기술자가 와야 하고 비용도 만만치 않게 들어간다. 열녀각에 쓰인 돌은 계룡산 근방에서, 나무는 멀리 금강산에서 사왔단다. 아름드리 나무와 돌을 바닷가에서 옮길 때는 온 동네 젊은이가 다 나섰다고 한다.

　빗자루로 쓸고 잡풀 뽑는 일이야 쉽지만 깔끔한 단장은 그런 수고로만 안 되는 일이다. 모두 사는데 바쁘다보니 열녀각 문짝이 떨어져 있다고 한들, 기왓장이 깨져 있다고 한들, 신경 쓸 겨를이 없다. 겨우 기와는 했지만 기약 없는 단청 일로 애가 타는 엄마에게 나 또한 시원하니 해드릴 말이 없다.

　앞섬으로 해가 넘어간다. 열녀각 지을 때, 하루에도 서너 말씩 일꾼 밥을 하셨다는 엄마. 이제는 계단 하나 내려서고도 숨을 몰아쉬신다. 멀구슬나무 한 그루가 쪼그라진 구슬을 달고 외롭게 엄마를 지켜보고 있다. 그 뒤로 늙어 가는 열녀각이 초연히 서 있다.

석화의 반란

 탈날 게 뭐가 있었을까. 배 움켜잡고 화장실 들락거리면서 어제부터 뭘 먹었는지 계속 머릿속으로 생각한다. 설마 그거 한 점이? 식구들 먹고 나간 밥상에서 혼자 아침밥을 먹었다. 남은 반찬을 먹어 치운다는 생각으로 접시를 비웠다. 딱 한 점 남아 있던 어리굴젓, 흐물흐물 뭉그러져 입에 넣자마자 쑥 넘어가 버렸던 그것. 무심히 넘긴 고것이 뱃속을 헤집어 결국 한나절 만에 너부러졌.
 집 앞이 바로 바다였다. 굴하고 어려서부터 친했다. 봄부터 가을까지는 거들떠보지 않다가 날씨가 추워지면 숨겨놓은 보물이 생각난 듯 굴을 찾았다. 굴을 따려면 '조새'가 필요하다. 조새는 나무로 머리 부분은 주먹만 하게 깎고 손잡이는 기름하게 만들어 쇠꼬챙이를 머리와 꼬리에 박아 놓은 것이다. 머리

쪽 쇠붙이는 굴 껍질을 벗겨야하니까 두툼하고 꼬리 쪽은 굴 알맹이를 꺼내야하니까 뾰족하다. 부엌문 옆에는 조새 서너 개가 늘 걸려 있었다. 농기구와 섞이지 않게 특별 대접을 받았다.

 아버지는 평생 들일을 하지 않으셨다. 겨우 열 평 남짓한 텃밭이 아버지 유일한 농사였다. 그 대신 아버지는 집안 살림을 도맡아 하셨다. 특히 요리를 잘하셨다. 텃밭에서 나오는 야채로 무얼 해 먹을까 늘 궁리하셨다. 아버지는 내게 농사일을 시키지 않으셨다. 그런 아버지가 겨울만 되면 먼지 뒤집어 쓴 조새를 손보았다. "석화가 맛이 들어쓰까 어째쓰까."하면서 은연중에 내가 굴 따오기를 바라셨다. 자실구레한 십안일은 다 하시면서 쪼그려 앉아 굴 따는 일은 창피하셨을까. 보는 사람 없어도 자존심이 허락하지 않았는지 그것만은 안하셨다.

 썰물에 조새와 양재기를 들고 갯가로 간다. 엄마는 농사철은 아니지만 다른 일이 산더미다. 시간이 있더라도 아버지가 좋아하는 굴 따위는 따 올 생각은 안하신다. 아버지는 굴을 꼭 석화라고 하셨다. 갯바위에 다닥다닥 붙어 있는 굴을 보면 그 말이 딱 어울린다. 굴 따는 일은 '섬집아기' 노래처럼 평화로운 풍경이 아니다. 바람은 쌩쌩 불고 손은 곱고 한 번씩 배가 지나가면 너울에 바닷물 세례도 받는다. 거기다 나는 섬집아기 노랫말처럼 엄마 기다리면서 스르르 잠들어야 할 꼬맹이다. 반나절쯤 부지런히 손을 놀려도 콩알만한 굴은 양재기 반도

채워지지 않는다. 아버지는 굴을 정말 꽃 다루듯 살살 만지셨다. 내가 따온 굴을 쩍 골라내고 바닷물에 흔들어서 그대로 드셨다. 그때부터 나도 굴 맛을 알았다. 생굴 익힌 굴 삭힌 굴 다 좋아한다. 자연산이면 더욱 환호하지만 양식도 마다하지 않는다.

큰오빠가 투병 중일 때다. 오빠에게 아버지 같은 스승이 병문안을 오셨다. 그분도 암 수술 받고 외출을 거의 안하는데 어려운 걸음 하셨다. 반쪽이 된 오빠 등만 말없이 쓰다듬으셨다. 오빠는 그분 앞에서 마치 응석받이 막내아들처럼 굴었다. 장남 노릇, 맏형 노릇하느라 한번도 우리 앞에서는 보이지 않던 모습이었다. 맛있는 거 먹자는 그분 말씀에 굴밥이 먹고 싶다 하셨다. 한창 유행이던 통영굴밥집으로 갔다. 탱글탱글한 굴이 먹음직스럽게 올려 진 영양돌솥밥이 나왔다. 영양을 가장 많이 취해야 할 오빠는 기침 때문에 음식을 넘기지 못했다. 오빠는 먹는 걸 포기하고 굴만 골라 내 밥그릇 위에 올려주었다. 오빠는 한 숟갈도 시원하게 못 넘겼는데 나는 꾸역꾸역 오빠 굴까지 다 먹었다.

우연이었을까. 그 뒤부터 굴만 먹으면 탈이 났다. 굴떡국, 굴짬뽕, 굴매생이국. 배탈 날 때마다 생각해 보면 굴이 있었다. 음식 알레르기 있다는 사람 보면 별나다 싶었는데 내가 별난 사람이 되었다. 냉장고에 있던 굴소스까지 버리고 파전 먹을 때도 굴 있나 되작거리면서 굴 보기를 돌같이 했다. 그러구러

잊고 지냈는데 지인이 어리굴젓 한 병을 주었다. 아침상에 놓았다 남은 한 점을 깜박하고 먹어 버린 것이다.

기진맥진한 몸으로 누워 권남희 에세이집을 읽는데 〈애도에 대해〉라는 글이 있다. 술 좋아하는 어머니가 돌아가신 뒤로 술 마실 줄 모르는 작가는 술 사들이는 버릇이 생긴다. 술 좋아하는 사람들 모임에 술을 들고 나간다. 그들을 이해하며 술에 취한 즐거움을 나누는데 그런 행위가 어머니를 향한 애도의 절차라는 걸 알게 된다는 내용이다.

그렇다면 내 몸속에 들어오기만 하면 요동치는 석화의 반란도 오빠에 대한 애도일까. 오빠 돌아가신 지 7년째다. 이제는 가끔씩 생각나는 오빠지만 오늘은 많이 보고 싶다.

고삐 풀린 말

"어머머, 저 많은 기를 활로 놔 잡니? 총으로 쏴 잡니?"

명절에 서울에서 온 아가씨 말이다. 서울만 갔다 오면 사람들은 말끝마다 '니'를 붙였다. 서울 사람이 떠나고 나면 우리는 한동안 "그랬니? 저랬니?" 흉내를 냈다. 서울 말씨는 다듬이 방망이 같이 매끈했다.

섬에 살다 목포로 나갔다. 도시 아이들은 용케 시골 말투를 알아차렸다. 그네들에게 시골 태생이라고 책잡힐까 봐 조마조마했다. 과묵한 척 입 꾹 다물고 내숭을 떨었다. 그러자니 신경 바짝 쓰면서 말마디 하나도 고르고 골랐다. 문제는 억양이었다. 그렇다고 입에 붙은 말을 하루아침에 바꾸는 일이 어디 쉬운가. 하고 싶은 말이 있어도 입 밖으로 내기가 쉽지 않았다.

목포에서 서울로 올라왔다. 한양으로 입성했으니 이제 서울 사람이 된 것이다. 드디어 참기름 바른 절편처럼 자르르한 서울말을 쓰겠구나 싶었다. 서울 말씨, 얼마나 선망의 대상이었던가. 순전히 서울말을 쓴다는 이유로 서울 남자와 결혼한 고향 후배도 있다. 서둘러 서울말을 배우려 했다. 발음이 억세지 않아 그나마 비스름하게 할 수 있어 다행이었다. 표준말 쓴다는 서울이지만 팔도 사람 다 모인 곳이다 보니 집만 나서면 오만 말이 귀를 어지럽혔다. 텔레비전에 나오는 하류인생은 어김없이 엉터리 전라도 사투리를 썼다.

 서울말 흉내 낼 정도가 되었는데 이번에는 강원도에 가서 살게 되었다. 강원도 영동, 영서지방 말이 서로 달랐다. 특히 내가 살던 곳은 함경도 실향민이 많아 함경도 사투리가 강했다. 겨우 갈고 닦아 익힌 서울말이 갈피를 잡지 못하고 헛돌았다. 거기서는 서울에서 놀러 온 여행객으로 생각하고 서울에 오면 연변 사투리처럼 내 말투가 이상하다고 했다. 그때 서울에서 만난 어르신이 "이 아가씨가 이상하게 내 고향 말을 잘하는구먼." 하는 것이었다. 당연히 전라도 어디쯤이 고향이려니 물어보았더니 이북 원산이 고향이시라고. 요즘말로 '허거덩' 넘어질 뻔했다.

 결혼하고 부천에 둥지를 틀었다. 전국구가 되었다. 정제되지 못한 정체불명 언어가 내 말이 된 셈이었다. 그런데 아줌마 배짱이 언어 사용에도 생겼을까. 사투리 쓰면 어떻고, 표준말 쓰면 어떠냐는 식이 되어버렸다. 생각을 살짝 바꾸니까 수십 년 묵은 체증이 내려간 듯 말하기가 편안하고 자유로워졌다. 오랜 세월 거친 뒤에 얻은 말하기 해방감이었다. 거기다 웬걸, 이상한 버릇까지 보태졌다. 남 말을 들으면서 재미있는 말은 혼자 되새겨보기도 하고 고향을 어림짐작 해보기도 한다. 경기도가 고향인 시인이 강의 중에 "아까침에 내가 한 얘기 중에"라는 말을 하지 않는가. 그분 말투에 전혀 어울리지 않는 '아까침에' 라는 말이 은연중에 나왔다. 부모 고향이 어디인지 알 것 같았다.

중국 갔을 때다. 가이드는 중국에서 나고 자란 조선족 3세였다. 소설가 이윤기가 '현대에도 더러 발견되는 빙하기의 매머드 같다.'고 한 그들 말 듣는 재미가 쏠쏠했다. 우리는 모음으로 끝나는 체언 뒤에 붙이는 '가'를 자음으로 끝나는 체언 뒤에도 붙였다. "동굴이가 멋있어요." 한다든지 "식당이가 괜찮아요." 했다. 며칠 듣다보니 나도 자연스럽게 "지금 시간이가 몇 시예요?" 묻고 말았다.

요즘 들어 내 언어체계에 이상 징후가 나타났다. 예전에는 '거시기, 저기, 어' 이러면서 말문 막히는 사람 보면 어휘력 부족하다고 흉 봤는데 이제는 내게도 친숙한 단어가 되어버렸다. 머리에서는 할 말이 뱅뱅 돌고 글씨까지 눈앞에 또렷이 오락가락하는데 왜 말로는 나오지 않는 걸까? 그럴 때는 손가락 펴면서 "세 자. 네 자." 이렇게 할 수밖에 없다. 그러다 한번씩 나오는 말이 더 가관이다. 설거지 하다 전화벨 울리면 아이들에게

"설거지 받아라." 소리친다. 밥 차려 놓고도 "식탁 먹자." 한다. 선풍기 방으로 가져가라 하면서도 "에어컨 들고 가라." 한다. 처음에는 온 가족이 어록 하나 만들겠다고 재미있어 하더니, 이즈막에는 아예 포기했는지 그런가 보다 한다.

　눈치코치 없이 자유자재 고삐 풀린 말, 이제야말로 말하기에서 완전히 해방되었나?

초코를 찾습니다

 없다. 안방도 애들 방도 거실도 없다. 베란다 창고 문까지 열어보았지만 온데간데없이 사라져버렸다. 귀신이 곡할 노릇이다. 밥 준다고 부르면 금세 달려와 얼찐거리는데 아무리 불러도 조용하다.
 그럼 밖으로 나갔다는 말인데, 현관문이 언제 열렸나? 택배 아저씨와 가스 점검하는 아주머니가 왔다. 문만 열리면 쏜살같이 뛰어나가 엘리베이터 앞에 납작 엎드리는데 오늘은 어쨌더라? 나가려고 해서 잡아들인 것도 같고, 방에 넣고 문을 닫은 것도 같고, 생각할수록 머릿속은 수세미 속이 되어 버린다.
 초코는 세상이 무서운 줄 모른다. 다른 집은 날마다 산책이다 운동이다 하면서 데리고 나가지만 우리 집은 월례행사처럼 외출을 시켜주니까 그럴 때마다 천방지방이다. 바깥바람 들이

켜느라 코는 연신 벌름거리면서 지나가는 친구 꽁무니도 건드려 봐야지 찔끔찔끔 흔적도 남겨야지, 바쁘다. 주인 서너 발짝 뒤에서 의젓하게 걸으면서 신호등까지 지킬 줄 아는 개를 보면 주인 됨됨이도 보이는 듯해 부럽다. 목줄만 풀어 놓으면 아무나 따라가고 차가 위험한지도 모르는 초코가 어디로 없어졌다. 당장 나가서 찾아보아야지 하면서도 선뜻 나서지지 않는다.

  개 조상은 무리 지어 살았던 늑대라고 한다. 사람과 살면서도 스스로 서열을 정해서 행동하는데, 초코가 정한 서열을 보면 남편이 제일 위다. 많은 시간 함께 보내는 나는 맨 꼴찌다. 중간에 아이들과 자기는 얼렁뚱땅 왔다갔다 한다. 서열 일 번인 남편은 초코를 싫어한다. 시시때때로 누구에게 줄 사람 없나 물어보고, 시골형님 집에 가는 날이면 데려다주려고 살갑게 안아 올리기까지 한다. 가장 기본 훈련인 왼발, 오른발도 할 줄 모르면서 남편이 "집으로!" 하고 소리치면, 자기 집으로 꼬리를 내리고 들어간다. 남편 출퇴근 배웅이나 마중은 현관까지 나가서 깍듯하게 행한다.

  한데 나를 대하는 꼬락서니는 가관이다. 내가 들고나는 것은 안중에도 없다는 듯 배웅은커녕 엎드려서 고개도 들지 않고 눈동자만 이리저리 굴리면서 쳐다본다. 남편 있으면 얼씬도 못하는 안방 침대 위에 벌렁 누워 늘어지게 잔다. 내가 전화라도 할라치면 발로 탁탁 바닥을 치면서 바락바락 집이 떠나가라 짖는다. 끊기 힘든 어려운 전화를 할 때 조용히 하라고 껌을 주어 버릇한 대가다. 밥 주는 사람을 서열 일 번으로 삼는다는 개 세계 법칙도 초코에게는 통하지 않는다. 꼬박꼬박 밥 주고 똥 치워 주면서도 내 서열은 오를 줄 모르고 요지부동이다. 낮에 집에 있는 내 모습과 스케줄을 샅샅이 꿰고 모든 비밀을 알기 때문에 나를 자기 아래에 두는 걸까. 나나 자기나 노는 양이 어금버금하다고 생각한 것일까. 개라면 모름지기 주인을 섬겨야 하는데 도통 안하무인이다.

쵸코가 없으면 제일 편할 사람이 어찌 보면 나다. 처음 얼마 동안은 아이들도 교대로 목욕 시키고 똥 치우고 하더니 시나브로 모든 일이 내 차지가 되어 버렸다. 남편이 워낙 초코를 싫어하니까 내가 가만히 있는 것이지 나도 싫어할 이유를 대라면 열 가지도 넘게 말할 수 있다. 아예 이참에 찾지 말까. 키우다 힘들면 버리기까지 한다는데 스스로 나가 준 절호의 기회가 아닌가. 그럼 아이들에게는 뭐라고 해야 한담. 누구 주었다고 거짓말이라도 하려면 밥그릇과 집도 없애야 하지 않을까. 아이들도 처음에는 펄쩍펄쩍 뛰겠지만 차츰 고자누룩해지겠지. 그런데 마음이 홀가분해야 하는데 왜 이리 힘이 빠지는 걸까.

며칠 전 나를 한사코 따라오던 개가 있었다. 집 나온 지 얼마 되지 않았는지 털은 깨끗했지만 배는 빈 자루마냥 훌쭉했다. 집으로 데려와 밥이라도 먹이고 싶었다. 비닐봉지에 코를 들이밀고 있는 사이 횡단보도를 건너와서 돌아보니까 우두망찰 도리반거리고 있었다. 비 오는 날 보았던 개도 생각난다.

금방이라도 쓰러질 듯 축축한 몸으로 힘겹게 걸어가고 있었다. 눈에 겁이 잔뜩 들어있고 사람 경계하는 빛이 역력한 걸 보면 떠돌아다닌 지 오래된 듯했다. 우리 아파트 주변에서는 앞발 하나가 짧은 개가 한동안 살았었다. 처음부터 그랬는지 사고가 났는지는 모르지만 세 발로 겅중거리면서 다녔다.

　잠시 무슨 생각을 했던 걸까. 추레해진 몰골로 느적는적 길을 헤매고 있는 초코 모습이 떠올랐다. '끼익' 자동차 급정거 소리에 화들짝 놀라 마음이 급해졌다. 벽에 붙일 전단지라도 만들어 나가야 하나. 아니지, 우선 동네부터 둘러보자. 허둥지둥 신발을 신는데 전화벨이 울린다. 이럴 때 무슨 전화람.

　낯선 목소리다.

　"초코 미용 다 됐습니다. 데려가세요."

　아, 동물병원에 미용 맡겼었지.

■ 연보

전남 신안 출생
1997. 부천 복사골문학회 입회
1997. 부천대 민충환 교수 수필 사사
2000. ≪수필과비평≫에 〈연근정과를 만들면서〉로 등단
2001~2010. 시정소식지 〈복사골부천〉 주부기자
2005. 수필집 ≪잔잔한 시하바다≫ 출간(산과들)
2006~2020. ≪부천수필≫ 편집위원
2007~2011. 수필동인 하우고개 회장
2008~2009. 부천수필가협회 회장
2009. 복사골문학회 창립 20주년 기념 특별문학상 수상
2011. 〈수주 아내의 항변〉으로 에세이스트 올해의 작품상 수상
2014. 부천시 문화예술발전기금 수혜
2014. 수필집 ≪밤달애≫ 출간(수필과비평사)
2016. 제26회 복사골 문학상 수상
2016. 수필과비평작가회의 서울경인지부 사무국장
2017. 수필과비평작가회의 편집부주간
2017. 제17회 수필과비평 문학상 수상
2018. 수필과비평작가회의 서울경인지부 부지부장
2019. 수필과비평작가회의 편집주간

현대수필가 100인선 II·80
최미아 수필선

별은 총총

초판인쇄 | 2020년 9월 15일
초판발행 | 2020년 9월 25일

지은이 | 최 미 아
펴낸이 | 서 정 환
펴낸곳 | 수필과비평사·좋은수필사

주　소 | 서울시 종로구 삼일대로 32길 36,
　　　　(익선동 30-6)운현신화타워 305호
전　화 | 02)3675-5635, 063)275-4000
등　록 | 제300-2013-133호
홈페이지 | http://www.shinapub.com
e-mail | essay321@hanmail.net

값 8,000원

ISBN 979-11-5933-288-3　04810
ISBN 979-11-85796-15-4　(세트)

* 저자와 협의하여 인지는 생략합니다.

* 잘못된 책은 바꿔 드립니다.

이 도서의 국립중앙도서관 출판시도서목록(CIP)은 서지정보
유통지원시스템 홈페이지(http://seoji.nl.go.kr)와 국가자료
공동목록시스템(http://www.nl.go.kr/kolisnet)에서 이용하실
수 있습니다.(CIP제어번호: CIP2020041100)